AF405141

LE
GOUVERNEMENT DE THÉODORIC

ET LA

DOMINATION DES OSTROGOTHS EN ITALIE

D'APRÈS LES OEUVRES D'ENNODIUS

PAR

MAURICE DUMOULIN

Extrait de la *Revue historique*,
Tomes LXXVIII et LXXIX, année 1902.

(Les tirages à part ne peuvent être mis en vente.)

PARIS

1902

GOUVERNEMENT DE THÉODORIC

ET LA

DOMINATION DES OSTROGOTHS EN ITALIE

D'APRÈS LES ŒUVRES D'ENNODIUS.

Importance de l'œuvre d'Ennodius. — Sa vie. — Date de ses principaux ouvrages. — Leur critique. — Sources autres qu'Ennodius concernant les Ostrogoths en Italie.

Les œuvres d'Ennodius sont d'une importance capitale pour l'histoire de l'Italie à la fin du v° siècle et en particulier pour celle de la domination de Théodoric. Ce n'est pas un historien de profession donnant des événements qu'il a vus s'accomplir un tableau d'ensemble méthodiquement composé ; ce n'est pas non plus un chroniqueur relatant au jour le jour les faits qui se passent sous ses yeux ou dont il a connaissance. C'est plus et c'est mieux : c'est un contemporain lettré, occupant dans l'Église une haute situation, dans la noblesse une place distinguée, qui écrit à des contemporains, qui s'entretient avec eux des choses et des hommes de son temps et qui, par cela même, nous fournit des renseignements qu'un historien ou un chroniqueur aurait négligés.

Même dans ses œuvres officielles, même dans les morceaux d'apparat qui lui ont été commandés, sa qualité de contemporain se révèle par des détails d'une importance inappréciable, car il fut un acteur dans les événements qui marquèrent la ruine de l'empire d'Odoacre et la naissance de celui de Théodoric. Le rôle qu'il a joué dans la politique, l'amitié qui l'unit à de grands personnages, la confiance que lui témoignèrent Épiphane et Laurentius, les papes Symmaque et Hormisdas, les hautes charges occupées par ses correspondants, la parenté qui le liait à beaucoup d'entre eux, toutes ces raisons donnent à son témoignage et à ses écrits une valeur exceptionnelle.

L'histoire de sa vie prouve qu'il était, mieux que personne, en mesure de nous laisser sur la cour de Théodoric, sur son gouvernement, sur l'établissement des Ostrogoths en Italie, des renseignements analogues à ceux que nous fournit, pour la même raison, Sidoine Apollinaire sur l'état de la Gaule au ve siècle et sur les rois wisigoths.

Magnus-Félix Ennodius est né entre 473 et 474[1]. Il paraît être Gaulois ou appartenir à une famille gauloise[2]. Issu d'une race illustre, la gens Anicia, il perdit de bonne heure ses parents et passa son enfance dans le nord de l'Italie. A la suite d'une grave maladie, il entra dans les ordres en 494 comme clerc de l'église de Pavie; consacré par l'évêque Épiphane, il le suivit à Milan en 495 et y resta; Laurentius lui continua la protection dont l'avait honoré Épiphane. Diacre en 502, il semble avoir rempli des fonctions de justice ecclésiastique[3]. Ce qu'il y a de certain, c'est qu'il entretint de nombreuses relations avec des juges.

Par ces différentes dates, on voit donc qu'il fut témoin des dernières années d'Odoacre et de la conquête de l'Italie par Théodoric.

Professeur d'éloquence, il ouvrit ensuite à Milan une école, *auditorium;* de là les nombreux exercices scolaires, les thèmes à développement, les *dictiones* si fréquentes dans ses œuvres.

Une lutte à propos d'élection pontificale, presque un schisme va le mettre plus en lumière : il se dépensa beaucoup à cette époque et écrivit sur l'ordre de Laurentius, qui passe pour avoir dirigé les débats des conciles et dont il était le secrétaire, deux de ses principaux opuscules, la *Dictio quando de Roma rediit* et le *Libellus pro Synodo.*

Il devint évêque de Pavie en 510. Ses fonctions religieuses ne

---

1. « Tempore quo Italiam optatissimus Theodorici regis resuscitavit ingressus... ego annorum ferme sedecim amitae, quae me aluerat... solacio privatus sum. » (*Eucharisticon de vita sua*, p. 303-5.)

2. Ce point est très discuté. Trois villes prétendent lui avoir donné naissance : Arles, Milan et Pavie. Les historiens italiens penchent généralement pour Milan; Vogel, Fertig, Sirmond adoptent Arles. En aucun cas il n'y a de preuves certaines.

3. D'après Magani, *Ennodio* I, 338 et suiv. — L'hypothèse n'a rien d'invraisemblable, il aurait été à Pavie *defensor ecclesiae.* Le concile d'Éphèse et celui de Chalcédoine (can. XXIII) parlent de cette charge, qui existait au temps de Théodoric (Cass., *Var.*, II, 30) et qui aurait consisté en la défense des causes ecclésiastiques ou de celles intéressant l'Église et les pauvres, devant les juridictions compétentes. On ne pourrait s'expliquer autrement les nombreuses lettres écrites par lui où il fait allusion à ses fonctions judiciaires (129, 29; 258, 12; 128, 16, 48, 20, 24, 25) et celles qu'il envoie au sujet de procès ou de réclamations qui ne le touchent en rien (CCLXXX, CCLXXXI, CCCVI, XXXIII, XC, CXLV).

le confinèrent pas dans le monde de l'Église. Parent ou ami des
plus hauts dignitaires du royaume ostrogoth, allié à toutes les
anciennes familles italiennes, panégyriste de Théodoric en 506
ou 507, biographe de saint Épiphane et de Laurentius, bien en
cour auprès de Théodoric, légat du pape Hormisda à Constantinople, il eut accès dans tous les milieux et se trouva dans les
meilleures conditions qu'on puisse désirer pour voir et pour se
renseigner. Il mourut en 521.

Son œuvre présente la même variété que sa vie, dont elle est
un écho. Sermons, apologies, leçons, lettres, vers, tout s'y ren-
contre, et, au point de vue historique, elle serait plus importante
et plus intéressante encore si nous la possédions tout entière.
Ses lettres d'affaires, négligées par ses premiers éditeurs, n'ont
sans doute pas toutes été conservées; ses lettres purement
administratives ont dû être dédaignées; on n'a recherché que
celles où le brillant du style s'alliait avec cette pompe oratoire
qui passait alors pour la plus haute expression de l'art.
Traité par la postérité immédiate plus en homme de lettres qu'en
historien, on a laissé se perdre tout ce qui ne pouvait fortifier et
justifier sa réputation d'écrivain.

Quoi qu'il en soit, cette œuvre, telle qu'elle nous est parvenue,
n'en est pas moins une source précieuse pour l'histoire d'une
époque sur laquelle les documents sont rares. Sans lui, nous
serions réduits aux rescrits royaux, aux formules transmises par
Cassiodore, aux jugements d'historiens postérieurs ou aux récits
d'annalistes trop brefs. Mais Ennodius fut un lettré, et un lettré
de la décadence; en lui se combinent les deux directions nouvelles de la littérature; il est, suivant le mot d'Ebert[1], « rhéteur
et évêque, prosateur et poète tout ensemble, » et c'est le rhéteur
qui domine. Si les réminiscences littéraires et païennes foisonnent
dans ce qu'il écrit, la langue dont il use est presque toujours
obscure, précieuse, tourmentée, incorrecte même, ce qui amoindrit souvent la précision de ses renseignements.

La chronologie de ses lettres a été établie d'une manière suffi-
samment rigoureuse par Vogel[2] pour qu'on s'y tienne; d'ailleurs,
elle offre peu d'importance. Celle de ses opuscules qui nous inté-
ressent est plus délicate.

La *Dictio quando de Roma rediit* et le *Libellus pro*

---

1. *Hist. de la littérature latine au moyen âge.* Trad. Aymeric, I, 461.
2. C'est le texte de Vogel (édition des *Monumenta Germaniae*, in-4°) que j'ai
adopté; les références se rapportent à la page et à la ligne de cette édition.

Synodo sont naturellement datés par le sujet qui y est traité. Le pseudo-Isidore en place la composition entre les troisième et cinquième sessions du synode[1], ce qui correspond aux années 502 et 503, c'est-à-dire après l'absolution de Symmaque par les Pères. Ennodius s'y montre le défenseur du pape, et surtout dans le second réfute, point par point, les assertions des libelles laurentiniens. Il y a plus de personnalité dans la *Dictio* que dans le *Libellus,* qui est une œuvre officielle[2]. Ces opuscules sont tous deux des ouvrages de polémique dont la véracité n'a jamais été mise en doute, parce que Symmaque a été reconnu comme l'unique et véritable pontife, comme l'évêque régulièrement élu.

La vie d'Épiphane est une des œuvres les plus précieuses que nous ayons pour l'histoire de la domination d'Odoacre et pour celle de la lutte entre lui et Théodoric. Ennodius, qui l'a écrite avec plus de simplicité que ses autres ouvrages, s'est servi pour la composer de témoignages et a interrogé des souvenirs encore récents[3]. Vogel et Magani s'accordent à la placer entre 504 et 506[4].

Comme le *Libellus pro Synodo*, le panégyrique de Théodoric est une composition officielle; « j'ai assumé la fonction de panégyriste, » dit-il expressément[5].

Malgré ce caractère, qui rend forcément les éloges d'Ennodius un peu suspects, le panégyrique n'en a pas moins une grande valeur; on verra par la suite de cette étude que bien des assertions y sont prouvées, à la lettre, par les documents administratifs de Cassiodore.

On peut peut-être s'étonner que ce soit un évêque catholique qui ait accepté de louer un roi arien. L'explication de cette anomalie peut se trouver dans ce fait que l'Église d'Italie avait pour le roi goth une grande reconnaissance; il avait apaisé le schisme et, en affermissant l'autorité pontificale, avait rétabli l'union dans le clergé. La lettre d'Ennodius, intitulée : *In Christi signo*[6]

---

1. « Inter III et V synodorum actiones. »

2. La preuve de cette assertion, bien que Vogel ne la trouve pas suffisante, c'est qu'il s'exprime toujours au nom d'une collectivité, alors que l'emploi de la première personne est habituel chez lui. Cf. notamment 57-31, 58-3, 59-35.

3. « ... Nemo enim sub oculis, praesentia poene et nimium nota commemorat, nisi qui de veritate confidit, ut quos forsitan ficta dicturus velut impudentiae meae conscios evitarem, eorum auribus relegam illa quae cognovit aspectus, » 85-17.

4. Vogel, Préf., p. xviii-xix; Magani, II, 148.

5. « Suscepi officium laudatoris. » (*Panégyr.*, 209-27.)

6. Vogel, CDLVIII, 318-26 et suiv.

et vraisemblablement adressée au pape, traduit le sentiment général. Il y a là comme un essai de panégyrique, et, en rapprochant ce texte curieux de ce qu'il dit dans le panégyrique même, on comprend que ce fût un évêque et que ce fût Ennodius qui célébrât publiquement les mérites du barbare[1].

Ce panégyrique, — forme oratoire très usitée alors, — fut-il lu ou prononcé? Est-ce en présence du roi lui-même qu'il l'a débité ou dans son église, dans quelque occasion solennelle? Quelle date enfin peut-on lui assigner?

Cipolla veut[2] que l'œuvre qui nous occupe soit un exercice de rhétorique envoyé par écrit au roi. Vogel ne se prononce pas; Fertig[3], en en parlant, se sert du mot *débité* (*vorgetragen*), puis émet un doute en réfléchissant à la difficulté qu'aurait éprouvée Théodoric, peu lettré, à comprendre pleinement le latin tourmenté d'Ennodius. Magani[4] reprend, en les discutant, toutes les opinions émises avant lui et finit par conclure dans le sens de Cipolla. Il est bien difficile de se prononcer. Les habitudes de travail d'Ennodius, l'impossibilité matérielle de « dire » un pareil morceau, la longueur du panégyrique, le rôle d'historiographe officiel qu'il avait rempli déjà dans des circonstances solennelles, les biographies qu'il avait composées, tout paraît faire croire qu'il s'agit ici d'une œuvre destinée à une publicité restreinte et non d'un grand discours prononcé devant la cour assemblée; mais on n'en a aucune preuve irréfutable. Quant à sa date, tous les historiens sont unanimes à la fixer entre les années 506 et 508.

Telles sont, avec les lettres, parfois d'une intelligence difficile, où le sujet important, lucidement traité, est exilé à la fin de la missive; avec la diction en l'honneur de l'anniversaire de Laurentius, évêque de Milan[5], les sources principales qu'offre Ennodius sur l'histoire de la domination des Ostrogoths en Italie.

Il en existe d'autres, peu nombreuses à la vérité et n'ayant pas toutes une valeur identique.

C'est d'abord Cassiodore, comme l'évêque de Pavie d'une ancienne famille italienne, dont le père servit Odoacre et qui, sous Théodoric, remplit à la cour de nombreuses et importantes

---

1. « Nunc ecclesia me dirigit laudatorem. » (*Panégyr.*, 209-17.)
2. *Archivio storico italiano*, 1883, p. 357.
3. *M. F. Ennodius und seine Zeit.* Passau, 1855-60. III Abth., p. 4.
4. II, 162 et suiv.
5 « In natale Laurenti Mediolanensis episcopi, » dictio I. Vogel, p. 1.

fonctions. Dans les onze livres de ses *Variae*, il a rassemblé la plupart des lettres politiques et administratives, des formules écrites par la chancellerie de Théodoric ou en usage à Ravenne. Il fournit ainsi un complément heureux, en quelque sorte officiel, aux données d'Ennodius. Sa chronique, qui pourrait être fort intéressante, n'est qu'une sèche chronologie, une suite de brèves mentions, presque une simple liste de noms consulaires.

L'Anonyme de Valois, ainsi appelé du nom de son premier éditeur et quelquefois désigné sous le nom d'*Anonyme de Ravenne*, qui, d'après M. Cipolla, se compose « d'une série de fragments provenant d'une source historique plus étendue[1], » se divise certainement, M. Mommsen l'a bien vu[2], en deux parties fort distinctes : l'une, intitulée généralement *Origo Constantini*, écrite sous Arcadius et Honorius par une autre plume que l'autre, qu'on appelle *Chronica Theodoriciana*. Cette dernière est évidemment d'un contemporain : la précision des détails, le groupement ramassé, mais point sec, des faits, l'exactitude des détails ne laissent aucun doute à cet égard[3]. C'est donc une source de premier ordre.

Pour l'histoire ecclésiastique, surtout pour celle du schisme laurentinien, les documents principaux, tout aussi importants que les dires d'Ennodius, sont les actes des synodes, les lettres des papes et les rescrits de Théodoric, réunis par Thiel sous le nom d'*Epistolae pontificum romanorum*. Cette question est d'ailleurs celle sur laquelle nous avons le plus de détails : l'Anonyme Blanchinien, appelé aussi l'Anonyme de Vérone, que Muratori a publié[4], le *Liber pontificalis*[5] forment sur la matière un tout presque complet.

Malchus de Philadelphie fut aussi un témoin, mais un témoin byzantin, de l'expédition de Théodoric. Son œuvre, qui ne nous est parvenue qu'à l'état fragmentaire, vaut plus par ce qu'elle nous apprend sur l'histoire d'Orient que par les renseignements qu'elle donne sur celle d'Occident[6].

Avec lui finit la liste des auteurs contemporains ; ceux qui suivent n'écrivirent que postérieurement.

---

1. *Revue critique*, 1893, n° 69.
2. Préface à son édition des *Mon. Germ. hist. Auct., antiq.*, IX.
3. Mommsen conclut que ce fragment a été écrit après la mort de Théodoric.
4. *Rer. Ital. script.*, III, 2° partie, p. 45, B. — 5. Ed. Duchesne.
6. Il serait, d'après Potthast (*Bibl. med. aevi*, 2° éd., *sub verbo*), de la fin du v° siècle.

Le comte Marcellin, chancelier de l'empereur Justinien, qui mourut en 534[1], nous a laissé des notes brèves et arides. Jordanis, qui lui aussi fut évêque, n'écrit que vers 551-552[2]; Procope de Césarée date de la fin du vie siècle; Paul Diacre est du viiie; enfin un auteur, dont on se sert parfois (dont s'est surtout servi Amédée Thierry), Landolfus Sagax, est du xie siècle; source trop lointaine et trop douteuse pour être utilisée[3].

Aucun de ces documents, sauf les documents ecclésiastiques, n'offre la richesse et la variété de ceux d'Ennodius. « Il n'y a guère d'auteur du commencement du vie siècle... qui soit plus important pour l'histoire de l'Italie sous la domination des Barbares. Ses lettres, son panégyrique de Théodoric, sa vie de saint Épiphane abondent en détails précieux sur les mœurs, les habitudes de ce temps, sur les conditions administratives et la situation morale de l'Italie[4]. » Ce qu'il y a, en effet, de précieux chez lui, ce qui fait que, malgré son obscurité et sa phraséologie, il est d'une valeur unique pour l'histoire de cette période, c'est qu'il nous permet de reconstituer la physionomie d'une époque et d'ajouter aux faits et aux dates que nous fournissent les autres documents quelque chose d'infiniment rare : la vie.

<h2 style="text-align:center">I.</h2>

<h3 style="text-align:center">Comment Théodoric a-t-il conquis l'Italie?</h3>

Depuis Théodose, l'Italie avait été le théâtre de perpétuelles luttes intestines et d'incessantes invasions. De 388 à 476, ce n'avaient été que révolutions de palais, pillages, deuil et ruines. Odoacre, barbare intelligent et patient, s'était emparé du pouvoir, comme jadis l'avait fait Recimer, comme venait de le faire Oreste. Il ne se conduisit pas autrement que ne le fera Théodoric, et cependant les historiens, habitués à le mal juger, font de sa « tyrannie » une des causes du succès du roi goth.

A n'entendre qu'Ennodius, qui le montre poussé par le démon à s'emparer du trône[5], qui l'appelle « populator intestinus[6], » sa chute aurait causé un vrai soulagement et Théodoric aurait

<hr>

1. Potthast, *loc. cit.*
2. A. Molinier, *Les sources de l'histoire de France*, I, 86.
3. Potthast, *loc. cit.* Son histoire porte généralement le titre d'*Historia Miscellanea*.
4. C. Jullian, *Revue critique*, t. XV, p. 483.
5. «...Diabolus Odovacrem ad regnandi ambitum extollit, » 96-7. — 6. 206-9.

été un sauveur. Il y a, dans ce jugement, inspiré sans doute par la flatterie, beaucoup à reprendre, et le tableau qu'il fait, dans le panégyrique[1], de l'Italie sous la domination d'Odoacre, est poussé au noir.

Après les ruines et les dévastations qui accompagnaient toute prise de possession du pouvoir, Odoacre, quoique Arien, garda une stricte neutralité religieuse. Sans doute, il donna le tiers des terres à ses hommes, ou il parut faire cette attribution, car le fait est loin d'être établi ; mais Théodoric en fit autant. Pelagius, son préfet du prétoire, doubla, il est vrai, les impôts en Ligurie et en perçut la moitié pour son compte ; mais le maître peut-il être rendu entièrement responsable des fautes de son serviteur, et, pour un fonctionnaire prévaricateur, n'eut-il pas des hommes comme Liberius et le père de Cassiodore? Son gouvernement et sa personne ne provoquèrent-ils pas des attachements profonds? Rien de bien précis ne permet donc de voir en la venue de Théodoric une preuve manifeste de la bienveillance divine et de la prédestination du Très-Haut, comme le dit pompeusement Ennodius[2].

Odoacre avait fait de vaines tentatives pour que son pouvoir fût reconnu par la cour de Byzance : il avait échoué ; on savait en outre que Théodoric était envoyé par l'empereur. Voilà peut-être toute la cause des succès de ce dernier.

Byzance, au nom de *l'unanimité*, avait toujours émis la prétention de coopérer au choix du souverain occidental. C'est Léon qui envoie Anthemius après les usurpations qui suivirent la mort de Valentinien III[3] ; quand il eut été assassiné, c'est encore l'empereur qui désigne Népos, et Jordanès a bien soin de noter qu'il est le roi légitime, Glycerius, le César fait par Oreste, n'étant qu'un tyran[4]. Cette préoccupation de la légitimité ne laissait pas de troubler Odoacre. Il exile Romulus Augustule, précisément à l'époque où Basiliscus est vainqueur de Zénon ; mais après le triomphe de celui-ci, sans doute à la prière d'Odoacre[5], le petit Auguste envoie à l'empereur la fameuse ambassade dont parle Malchus. Aux sénateurs romains, Zénon répond que leur demande reste sans objet, puisque Népos vit encore et qu'il est le souverain légitime ; à Odoacre, l'empereur confère le titre de patrice, mais seulement parce que Népos le lui

---

1. 206-6 et suiv., § VI. — 2. « Dispositione coelestis imperii Theodoricus rex ad Italiam commeavit. » *Vit. Epif.*, 97-38. — 3. Jord., p. 132.

4. Jord., p. 133. Cassiodore (*Chron.*) fait la même remarque.

5. Malchus, *Excerpt. de leg. gent.*, ap. *Frag. hist. graec.*, t. IV, p. 119.

avait octroyé[1]. La cour de Constantinople avait donc toujours nettement sauvegardé ses droits, et la distinction qu'elle établissait entre les souverains agréés par elle ou les chefs sans investiture était réelle.

Le sentiment de la hiérarchie et de l'obéissance était donc encore puissant et vivace en Italie et s'accordait à merveille avec l'attitude de la chancellerie byzantine. Du jour où l'empereur envoyait officiellement un chef d'armée pour combattre le régent d'Italie, c'est qu'Odoacre était un usurpateur. On s'explique alors comment, dès son entrée en Italie, Théodoric eut des partisans ; ils grossirent vite par l'appui que lui prêtèrent l'Église et en particulier le clergé du nord de la péninsule.

Ennodius nous le présente comme un envoyé de Dieu, et il l'oppose à Odoacre en cette qualité[2]. C'est encore Dieu, en provoquant l'expédition du Barbare, qui ménage à l'Italie une revanche à des moments douloureux[3]. La conscience des évêques, est troublée, ils ne voient plus de fondement à rien, quand enfin Théodoric apparaît[4]. Toutes ces appréciations, éparses dans l'œuvre de l'évêque de Pavie, reflètent le sentiment général ; les autres vont souligner cette bienveillance.

La conquête de l'Italie ne se fit pas en un jour : elle fut longue et difficile. De 488, époque à laquelle Théodoric franchit l'Isonzo, à 493, date de la capitulation d'Odoacre dans Ravenne, il s'écoule cinq ans pendant lesquels le roi goth eut à déployer beaucoup d'énergie et de vigueur et dut conquérir pied à pied le sol italien.

Odoacre, avec une armée formidable, mais mélangée, veut s'opposer au passage de la frontière ; il est battu sur l'Isonzo ; s'étant retiré sur Vérone, il y est encore défait et s'enfuit à Ravenne. Théodoric profite de ce répit pour s'assurer de la Lombardie ; la majeure partie de l'armée ennemie dans cette région se donne à lui, et Tufa, son chef, trahit Odoacre ; mais ce n'était qu'une ruse. Tufa, envoyé avec une élite de Goths contre Odoacre, le rejoint à Faventia et lui livre les Ostrogoths. L'année suivante, sortant de Crémone, Odoacre fait un retour offensif, s'empare de Milan et bloque Théodoric dans Pavie ; il était perdu si l'arrivée des Wisigoths de Widemir et la diversion des Burgundes en Ligurie ne lui avaient permis de battre Odoacre et de le poursuivre jusqu'à Ravenne, après l'avoir taillé en pièces

1. *Loc. cit.* — 2. *Vit. Epif.*, 97-35. — 3. *Panegyr.*, 206-5. — 4. *Panegyr.*, 206-16.

sur l'Adda. Il ne peut d'abord approcher de la capitale administrative et campe à Pineta ; mais, après la prise des ports, il bloque la ville, qui capitule. Odoacre est aux mains de Théodoric, qui le tue[1].

Sans prétendre que l'Église fit tout le succès du roi goth et sans diminuer en rien la valeur du secours qu'il tira des Wisigoths, on peut affirmer que l'aide que lui prêta le clergé lombard lui fut un précieux appoint durant cette laborieuse campagne.

C'est Laurentius, l'évêque de cette ville, qui lui ouvre les portes de Milan ; c'est lui qui, après la trahison de Tufa, lui conserve momentanément cette place importante. Sans craindre la cruauté d'Odoacre, il résiste à ses flatteries, il résiste de même à ses prières[2]. Mais Milan est pris. Que ne souffre-t-il pas alors ! Il est fait prisonnier, il endure, ainsi que tout son peuple, la faim, le froid, les injures, mais ne cède pas[3]. Épiphane, l'évêque de Pavie, fait de même quand le Rugien l'assiège ; quels sacrifices il consent, quels soins il prend pour donner asile à la masse des Goths qui se sont réfugiés dans sa cité[4] ! Lorsque les Goths l'eurent abandonnée et que les Rugiens s'en emparèrent, Épiphane eut à supporter des épreuves aussi douloureuses que celles de Laurentius[5]. Sans ces deux évêques, Théodoric n'aurait pu s'assurer d'abord, puis conserver, dans le nord de l'Italie, une base d'opération aussi importante que l'étaient Milan et Pavie.

Il comprit d'ailleurs tout le parti qu'il pouvait tirer de cet appui ecclésiastique et ne négligea pas un secours aussi précieux. Dès le début, instruit par l'expérience[6], son attitude est pleine d'égards et de ménagements. Il fait des promesses[7], se concilie les bonnes volontés et ne dédaigne pas d'user de flatteries, comme cette exclamation qu'il pousse en voyant pour la première fois Épiphane : « Voilà l'homme, dit-il, qui n'a pas son pareil dans tout l'Orient. Le voir est déjà une récompense ; habiter près de lui, c'est une sécurité[8]. » Ou bien, par des actes de haute politique, il sait, en confiant aux soins de l'évêque de Pavie sa mère et sa sœur, augmenter encore les amicales dispositions qu'on lui témoigne[9].

Cet appui marqué de l'Église porta ses fruits ; peu à peu le

---

1. Les éléments du court récit de cette campagne sont tirés du *Panégyrique* et de l'Anonyme Valésien.

2. *Dictio Ennodi in natale Laurenti*, 2-38. — 3. *Ibid.*, 3-6. — 4. *Vit. Epif.*, 98-12. — 5. *Ibid.*, 99-9. — 6. *Vit. Epif.*, 100-26. — 7. *Vit. Epif.*, 100-14. — 8. *Vit. Epif.*, 98-4. — 9. *Ibid.*, 98-7. Cf. Paul Diacre, XV, 17.

nombre des partisans de Théodoric augmenta et le mouvement en sa faveur se dessina si nettement qu'en 492 le pape Gélase se vanta dans une lettre d'avoir résisté à certains ordres venus d'Odoacre[1]. Après le sac de la campagne de Rome par le Rugien, le mouvement devint général[2].

La conquête morale est complète entre 490 et 493 : c'est le moment où les membres de la noblesse se rallient à son gouvernement : Festus, Faustus Niger, le chef du Sénat à leur tête[3].

Au lieu donc de s'en remettre au seul succès de ses armes, Théodoric ne négligea rien pour se faire accepter ; n'usant pas de représailles au point qu'Ennodius a pu dire de lui qu'il n'avait pas souillé son épée[4], il rencontra l'appui du clergé[5], et c'est ainsi que, par les mêmes procédés que ceux dont usa Clovis en Gaule, il réussit à assurer sa domination sur toute la péninsule.

II.

Nature du pouvoir de Théodoric.

Le pouvoir que ses victoires et sa diplomatie lui avaient donné n'était qu'un pouvoir effectif : il était roi par droit de conquête. Théodoric voulut que son titre fût officiellement sanctionné et reconnu par l'empereur de Constantinople. C'était l'ambition de tous les chefs barbares, et, comme tel, il n'y échappa pas, d'autant plus que c'était la raison d'être et la sanction de son expédition.

Ennodius ne fait, dans ses opuscules comme dans ses lettres, aucune allusion à cette absence de reconnaissance : il ne mit jamais en doute la régularité du pouvoir du Barbare. Quand il

---

1. Labbe, *Concil.*, IV, 1208.

2. « Sed obseratis continuo portis exclusus est Odoacre de Roma... Theodoricus itaque a Verona digrediens Mediolanum pervenit, ubi dum consisteret magna ad eum multitudo militum pluresque Italiae populi convenere. » (P. Diacre, lib. XVI, p. 107 v°, éd. de Florence de 1517.) « Sed frustra laborat (Odovacer), quia cuncta Italia dominum jam dicebat Theodoricum et illius ad votum res illa publica obsecundabat. » (Jordanès, *Getica*, p. 320.)

3. Anon. Valés., p. 307. — 4. *Vit. Epif.*, 99-20.

5. Quand Épiphane vient prier Théodoric de traiter avec bonté ceux qui lui ont fait de l'opposition, il résume en une curieuse phrase le rôle de l'Église dans sa victoire. (*Vit. Epif.*, 100-7.)

parle de lui, il l'appelle « domnus noster rex[1] ; » ses ordres sont des « praecepta regia[2] ; » les Italiens sont des sujets[3]. Il en fait un « dominus Italiae[4], » un « imperator[5] » même, revêtu d'une « imperialis auctoritas[6]. » Aucun texte dans toute l'œuvre de l'évêque de Pavie ne permet de supposer qu'il admit l'existence de deux personnes en Théodoric, un roi des Goths et un gouverneur romain, et il se compte si bien pour un de ses sujets, son autorité lui paraît si incontestable, qu'il le loue d'avoir conquis et défendu le diadème qu'on lui avait donné[7].

Rien cependant ne fut moins officiel et moins officiellement reconnu que la royauté du Goth.

Depuis longtemps, l'empire byzantin était en proie à des difficultés inextricables ; les Barbares qu'il avait à sa solde sans cesse se révoltaient ou émettaient des prétentions exorbitantes pour prix de leur fidélité ; les empereurs, contre la force, n'avaient d'autres armes que la ruse.

Les Ostrogoths, établis dans l'empire d'Orient depuis le milieu du v⁰ siècle, ne se conduisirent pas autrement que les autres peuples barbares. Théodoric, créé patrice en 477, adopté par Zénon, n'en marche pas moins contre Byzance en 478 ; l'empereur est obligé à de nouvelles concessions ; en 484, le roi goth est consul ; en 486, il obtient les honneurs du triomphe, on lui élève même une statue équestre.

C'est à ce moment qu'il est envoyé en Italie. A quel titre ? Jordanès[8] dit que l'idée de la conquête de l'Italie vint de Théodoric lui-même qui, s'adressant à l'empereur, lui aurait, dans un long discours, dépeint les souffrances de son peuple en Illyrie, l'avantage qu'il trouverait à s'établir dans un pays riche et en même temps l'avantage qu'en retirerait Zénon, qui aurait sous ses ordres un fils au lieu d'un usurpateur[9]. Il terminait en disant que, s'il est vainqueur, il tiendra sa conquête de sa munificence[10].

Certains auteurs, l'Anonyme Valésien, P. Diacre, ont transformé cette autorisation en un traité dûment rédigé, en une pragmatique promettant à Théodoric, dit l'un, qu'il *régnerait* à la place d'Odoacre[11], le recommandant au Sénat, dit l'autre,

---

1. « Comes Tancila dixit mihi a domno nostro rege. » (*Fausto* Ennod., 73-77.) « Hoc semper regis nostri brevis procuravit epistula. (319-3.)
2. Ennod., *Aureliano*, 288-16. — 3. Ennod., *Liberio*, 307-32. — 4. *Vit. Epif.*, 104-37. — 5. *Lib. pro Synodo*, 59-21. — 6. *Ibid.*, 53-40. — 7. *Panegyr.*, 205-6. — 8. *Getica*, p. 317. — 9. *Ibid.* — 10. *Ibid.* — 11. Anon. Vales., p. 308.

après l'avoir voilé de pourpre[1]. L'explication que donne Procope[2] est plus vraisemblable. Zénon, préférant voir Théodoric combattre en Italie que contre Byzance, le lança sur Odoacre. C'est aussi de la sorte que s'exprime le même Jordanès dans un autre passage de ses œuvres[3].

Eustathe d'Épiphanie, qui écrivait au début du VIe siècle, se fait l'écho d'un raisonnement analogue de la part de Zénon et suppose en outre que Théodoric, se défiant des embûches que pourrait lui tendre l'empereur, préféra quitter l'Orient que de trop compter sur les promesses d'un souverain versatile et porté à la duperie[4].

Dans tous les cas, si l'on hésite sur le titre, tous les historiens sont d'accord pour reconnaître que Théodoric n'était pas un usurpateur. Il y a eu promesse de l'empereur de ne point le troubler dans la possession de sa conquête ; mais il n'y eut pas promesse d'en faire le souverain légitime de l'empire d'Occident : le successeur de Théodose. Le titre avec lequel il était parti de Byzance paraissait suffisant à Zénon, et un texte de Cassiodore nous en révèle l'existence. C'est une lettre d'Athalaric à Tulum ou Tholuit en lui envoyant le titre de patrice ; le roi, pour montrer toute la valeur de ce titre, prend bien soin de lui dire : « C'est un honneur qui convient à l'armée et brille d'un éclat incomparable en temps de paix. C'est avec cet honneur que la Grèce, qui lui devait beaucoup, paya notre aïeul de ses services ; satisfait par cette illustration, il travailla avec un dévouement infatigable à en défendre les frontières[5]. » Ce titre de patrice devait être le seul titre officiel de Théodoric, c'est ainsi que l'appelle l'Anonyme[6], jusqu'au jour où les Goths lui décernèrent la royauté. Mais Théodoric voulait plus : il multiplia les efforts pour faire reconnaître ce titre de roi qu'il devait à ses seules troupes.

Au moment du siège de Ravenne, il envoie Festus à Constantinople, espérant que la qualité de chef du Sénat portée par l'ambassadeur aiderait à sa cause[7]. La conquête achevée et Festus ayant échoué, il dépêche un autre ambassadeur, Faustus Niger[8]. Cette seconde tentative ne réussit pas. Alors il prit ce qu'on ne lui donnait pas, et, du consentement des Goths, s'inti-

---

1. Paul Diacre, fol. 207 r°. — 2. I, 1 ; II, 6. — 3. Jordanes, *De Regn. succ.*, p. 136. — 4. Eustathe, *Fragm.* ; Müller, *Fragm. hist. grec.*, IV, 140. — 5. Cass. *Var.*, VIII, 9. — 6. P. 306-307. — 7. Anon. Valés., p. 307. — 8. *Ibid.*, id.

tula roi d'Italie[1]. Peut-être faut-il voir, dans cette résistance de Constantinople à réaliser ses désirs, la cause du meurtre d'Odoacre, qu'il supposait être un obstacle, — en vertu des pouvoirs que l'ancien régent d'Italie avait pu recevoir des empereurs, — à sa reconnaissance comme roi d'Italie.

Quoi qu'il en soit, ce coup d'État amena un refroidissement entre Théodoric et l'empereur, presque une rupture, si complète que, pendant un temps, ainsi que l'a vu Gaudenzi[2], il n'y eut pas de consuls en Italie (496-497). Puis, sur cette question *de praesumptione regni*, la paix se fit et les ornements royaux qu'Odoacre avait renvoyés à Byzance furent rapportés en Italie par Festus[3].

Gaudenzi, s'appuyant, pour ce fait, sur un passage de la lettre d'Athalaric à Justinien, où il lui annonce l'envoi d'ambassadeurs pour lui demander son amitié « dans les mêmes termes et aux mêmes conditions que ses prédécesseurs l'avaient accordée à son aïeul[4], » prétend qu'il y eut reconnaissance. Ce texte ne signifie pas peut-être ce qu'il paraît vouloir dire. La lettre d'Athalaric est une pure lettre de politesse où les phrases qui précèdent la citation de Gaudenzi en diminuent beaucoup la portée. Le roi rappelle que Zénon le fit consul[5], qu'il était son fils d'armes[6] et surtout qu'il a revêtu *en Italie* son père de la toge palmée[7]; c'est dans les mêmes termes et dans les mêmes conditions qu'il désire se trouver avec l'empereur.

Donc, d'un côté, il met en présence les bienfaits dont l'empire a fait jouir son aïeul Théodoric; de l'autre, les honneurs dont il a revêtu son père Eutaric. Ces honneurs, c'est la toge palmée, le vêtement d'apparat des consuls triomphateurs, des clarissimes et des patrices. Voilà les termes et les conditions de l'alliance. S'il y avait eu une reconnaissance plus précise du titre de roi, Athalaric, dans les circonstances où il écrivait, n'aurait pas manqué de la rappeler.

Quant au don des ornements royaux dont parle l'Anonyme, c'est simplement une gracieuseté de pure forme comme la cour de Byzance en eut si souvent pour les rois barbares.

---

1. *Ibid.*, p. 307-308; *Getica*, p. 321. — 2. Gaudenzi, *Sui rapporti tra l'Italia e l'impero d'Oriente*. Bologne, 1888, p. 25. — 3. Anon. Valés., p. 310. — 4. Cass., *Var.*, VIII, 1; Gaudenzi, p. 27 et suiv. — 5. Cass., *Var.*, VIII, 1. — 6. *Ibid.* — 7. *Ibid.*

Théodoric fut seulement roi des Goths, et sa royauté ne fut pas reconnue par Byzance ; il est plus que probable qu'il ne porta que le titre de patrice romain. Étant roi de sa nation, les historiens, les contemporains comme Ennodius n'éprouvèrent aucune difficulté à le saluer de ce nom qui restait vrai, si on le prenait dans le sens déterminé de roi des conquérants.

Il ne fut donc pas reconnu comme souverain légal par Byzance comme l'égal de l'αὐτοκράτωρ : la preuve en est encore dans ce passage si net du panégyrique où Ennodius résume la politique de Théodoric sur cette question, indique le sentiment des empereurs et leur mauvaise volonté et constate le résultat final[1]. La preuve en est dans ce fait que, sur les monnaies, jamais l'effigie du Barbare n'apparaît, mais seulement son monogramme[2]. La preuve en est enfin dans les deux lettres de Théodoric à Anastase, citées par Cassiodore.

Dans la première, Théodoric demande la paix à Anastase, et dit : nous devons rechercher l'accord avec vous[3]. On y voit l'empereur lui faire des recommandations, l'exhorter à chérir le Sénat, et il proteste de sa déférence[4]. S'il emploie le mot *regnum* (qui peut s'entendre par gouvernement), il ne cesse dans tout le cours de la missive de parler, d'une manière catégorique, de l'unité de l'empire, des deux États qui ne doivent en faire qu'un et de l'unanimité de l'opinion sur cette union[5]. Dans la seconde, c'est le langage d'un lieutenant priant son supérieur de vouloir bien agréer le choix d'un consul[6]. Ce n'est, dans aucun de ces textes, le ton d'un rebelle ni celui d'un souverain indépendant.

L'empereur, en fin de cause, restait le maître nominal de l'Italie ; Théodoric, qui la gouverne avec les pouvoirs impériaux qu'on lui a implicitement et explicitement délégués, n'est qu'un fonctionnaire qui se trouve être en même temps un roi goth.

III.

Théodoric gouverne à la romaine.

On s'explique dès lors la façon toute romaine dont Théodoric

---

1. *Panegyr.*, 205-6. — 2. De Rozière, *loc. cit.* — 3. Cass., *Var.*, I, 1. — 4. *Ibid.* — 5. *Ibid.* — 6. *Ibid.*, II, 5.

gouverna[1], et l'on voit pourquoi il ne songea jamais à former un État nouveau. Ainsi que le remarque très justement l'Anonyme Valésien, il gouverna deux peuples en un seul, sans essayer de les mêler[2]. Les Goths avaient leurs droits, leurs lois, leurs officiers particuliers; les Italiens continuèrent de vivre soumis à leur ancienne législation et d'après leurs antiques usages. Cette dualité n'imposa aucune contrainte à Théodoric, que son éducation toute byzantine avait merveilleusement préparé, et c'est le tableau de ce gouvernement entièrement romain, pratiqué par le Barbare avec aisance, avec une certaine recherche même, qu'Ennodius nous permet de tracer.

L'évêque de Pavie ne s'occupe pas des Goths, et, sauf deux exceptions[3], à le lire, on ne se douterait pas qu'il a assisté à une invasion et qu'il vit sous un roi étranger.

Les Goths se sont établis en Italie sans qu'on s'en aperçût : c'est lui-même qui nous le dit, et leur roi est un gouverneur romain, le continuateur du passé[4]. C'est bien, en effet, comme un souverain de mœurs, de traditions toutes romaines qu'il nous apparaît à travers l'œuvre d'Ennodius. Ces épithètes qu'il lui décerne, ces adjectifs, ces superlatifs dont il accompagne toujours son nom[5] sont la consécration de ce fait, et cette phraséologie, c'est le formulaire officiel de la cour de Byzance. Dans le *Panégyrique*, il fait souvent parler l'Italie, Rome elle-même, et toujours l'une ou l'autre louent Théodoric d'avoir renoué la tradition, d'être un prince romain, de se donner pour ambition de mettre l'Italie qu'il gouverne en harmonie avec son passé[6]; dans la fameuse prosopopée de l'Adige, c'est cette pensée qui domine[7]. Théodoric est le restaurateur de la civilisation romaine, le sauveur attendu qui venge le nom romain d'un siècle d'oubli[8].

C'est bien ainsi, — en Romain, — que Théodoric avait entendu gouverner. Écrivant à Anastase, il lui déclare qu'il veut « apprendre, grâce à Dieu, par sa manière de gouverner, com-

1. Même si Théodoric eût été complètement indépendant, on peut conjecturer par l'exemple des Francs, des Wisigoths et des Burgundes, par l'exemple même d'Odoacre, qu'il n'aurait pas gouverné différemment.

2. Anon. Valés., p. 308.

3. A part le nom d'un comte goth (comes Tancila, 73-27), et trois épigrammes sur un Romain portant la barbe à la façon gothique (p. 157), il n'est pas question des Ostrogoths dans la volumineuse correspondance d'Ennodius.

4. Ennod. *Liberio*, 307-13. — 5. Ennod., passim. — 6. 207-8, 303-5. — 7. *Panegyr.*, 209-6. — 8. *Ibid.*, 209-25.

ment il pourra, de la même façon, gouverner à son tour. » — « Notre gouvernement, ajoute-t-il, doit être une imitation du vôtre[1]. »

Suivant le principe de la monarchie romaine, le roi goth est l'âme et l'essence de l'État : il le forme à son image[2]; de lui découlent toute grâce et tout honneur; être ignoré du roi, c'est être un homme mort[3]. Conformément à de tels principes, Ennodius félicite Helpidius d'avoir été distingué par la grâce royale[4]. Son pouvoir est absolu, et, dans ses nombreuses lettres de recommandation à Faustus, Ennodius sent bien que ce qu'il demande dépend uniquement de la volonté royale, d'un absolutisme dont Cassiodore nous fournit la preuve[5].

Son gouvernement est tout romain : il fait afficher les lois, soumet les soldats à l'impôt, crée des consuls. Le droit romain est maintenu et appliqué, l'affaire de l'affranchissement de Gerontius, qu'Ennodius nous conte, le prouve[6]; l'*Edictum Theoderici*, qui est postérieur à l'époque où vivait Ennodius et où l'on a voulu voir un monument législatif destiné à provoquer la fusion des deux races, est puisé à des sources exclusivement romaines[7]; enfin, il n'est pas jusqu'à la politique romaine qui ne soit imitée par Théodoric.

Les empereurs attiraient les Barbares sur les terres de l'empire et les y établissaient comme colons, afin de remplacer les travailleurs libres de jour en jour plus rares. Théodoric fit de même. Il établit les Alamans en Italie, sans aucun dommage pour les possesseurs romains, affirme Ennodius, leur donna des terres, les constitua gardiens de la frontière et d' « un mal fit un grand bien[8]. »

Ce souverain romain a une cour, des fonctionnaires, une organisation administrative semblable à celle des empereurs; il respecte le Sénat, restaure le consulat, gouverne avec un plan bien arrêté, et, quoique Arien, intervient comme arbitre dans les affaires de l'Église comme l'eût fait un César.

---

1. « Theod. Anastasio. » (Cass., *Var.*, I, 1.) — 2. Cass., *Var.*, III, 12. — 3. *Var.*, V, 26. — 4. 300-15. — 5. *Var.*, I, 3. — 6. 132.

7. De Rozière, *Académie des Inscriptions*, séance du 5 septembre 1879.

8. *Panegyr.*, 212-5 et suiv. Cf. deux lettres dans Cassiodore, l'une de Théodoric à Clovis (I, 41), où il implore sa clémence pour les Alamans qui sont en Italie; l'autre (XII, 28) du préfet du prétoire aux habitants de la Ligurie, qui leur annonce la fuite des Alamans.

2

IV.

Sa cour.

Théodoric a un palais royal (*palatium*) à Ravenne[1], qu'Ennodius mentionne souvent : il en loue les jardins, où la présence du prince fait régner un printemps éternel[2]; il est décoré de peintures : celles du triclinium, dont les sujets sont tirés « des présents de la mer, » de la chasse, celles du vestibule, qui traitent des sujets guerriers, ont surtout frappé notre auteur[3]. C'est là que se tient la cour (*aula*)[4], qui groupe autour du roi les grands de l'Italie et les nobles du peuple goth. Y paraître est une obligation, et l'office qu'on y remplit c'est le devoir rendu au prince, le *principale officium*[5].

L'influence qu'avait cette cour était fort grande : le roi étant absolu, ceux qui l'approchaient obtenaient grâces et faveurs; aussi c'est à des courtisans, à Senarius, à Faustus, à Ambrosius, qu'Ennodius écrit surtout, c'est à eux qu'il a recours pour ses protégés[6]. Nul avenir si l'on n'y fréquente, « on est inconnu de son maître[7]. » Comme toutes les affaires y ressortissent, comme le centre de l'empire s'y trouve, c'est une école de gouvernement : Ennodius nous y montre, avec une emphase qui contient cependant un grand fond de vérité, Agapitus, son correspondant, travaillant à la paix générale, à la gloire du royaume[8]. A la cour se donne le ton[9], « cette urbanité, » comme il le dit, « qui se distille aux fourneaux de cour; » d'elle émane une lumière particulière[10].

Mais ces devoirs dus au prince ne vont pas sans quelque servitude, si nous en croyons les raisons que donne Ennodius à Senarius pour qu'il puisse s'absenter[11] : « Vous savez assez, » lui dit-il, « ce que demande la cour et ce que veut la reconnaissance, pour ne manquer ni à ce que vous devez au maître, ni à ce que

---

1. 101-2, 191-10, 205-10. — 2. *Carm.*, II, 111, p. 214. — 3. *Carm.*, II, 17, p. 127. — 4. 210-14, 233-15, 152-18. — 5. Ennod., *Senario*, 233-15, 274-35, où il est question de *principalis cura, principalis occupatio* pour désigner les devoirs de cour. — 6. 54 lettres à Faustus, 11 lettres à Senarius. — 7. Cass., *Var.*, V, 26. — 8. Ennod., *Agapito*, 131-11. — 9. *Senario*, 152-18. — 10. 131-11, in fine. — 11. Ennod., *Senario*, 233-15.

vous devez à l'affection. » A l'entendre, à entendre aussi Cassiodore, la cour de Théodoric fut un modèle d'honnêteté et de loyauté ; elle ignora la brigue[1] et l'on n'y estimait que ceux dont le visage ouvert décelait une conscience pure[2].

La cour et le service du *palatium* comportaient des fonctions spéciales et générales[3] dont la plupart furent exercées par des Romains correspondants de l'évêque de Pavie.

Celles que nous connaissons par lui sont les suivantes : d'abord celles de *Comes privatarum*, qu'occupait de son temps Apronanius, *vir inluster*, auquel il écrit un billet de flatteuse amitié[4].

Le *Comes rerum privatarum* était à l'origine une sorte d'intendant des finances chargé de régir les biens privés du souverain ; il devint par la suite et était, à l'époque de Cassiodore, qui nous a laissé sa formule de nomination, un juge et un arbitre à qui était confié le soin de régler les différends entre parents et de veiller sur les tombeaux des morts, en prenant garde que les marbres des mausolées ne fussent enlevés, que les ornements n'en fussent détruits, qu'en un mot les restes mortels, — cendres ou cadavres, — reposassent en paix. Il avait en outre à percevoir les tributs, à surveiller les collecteurs de taxes, les possesseurs emphytéotiques, en résumé à sauvegarder les droits du fisc princier[5]. Fonctions multiples et complexes, comme on le voit ; elles ne pouvaient être exercées que par un Romain bien au courant des mœurs, des habitudes, des traditions de ceux qu'il devait protéger, puisqu'il devait être à la fois un censeur, un juge de paix et un inspecteur des finances privées.

Puis celles de comte du patrimoine, — *comes patrimonii*, — qui a la gestion des terres du prince. S'il doit leur faire rendre tout ce qu'elles peuvent donner, il ne lui faut pas oublier toutefois que sa charge est destinée plutôt à soulager la fortune des particuliers qu'à la pressurer. Cependant, la race des paysans est avide de liberté ; il est là pour réfréner cette passion, pour juger des querelles des tenanciers, mais surtout pour empêcher que les limites des possessions soient déplacées et que les cultivateurs changent de condition. Régisseur des immeubles du roi, il doit aussi pourvoir à la nourriture du palais royal ; c'est une partie importante de sa charge, car une cour bien pourvue

---

1. *Panegyr.*, 210-14. — 2. Cass., *Var.*, VIII, 14. — 3. *Vit. Epif.*, 101-12. — 4. Ennod., *Apronanio v. i.*, 153-10. — 5. Cass., *Var.*, VI, 8.

indique la puissance. Pour exercer ses fonctions, il a des employés et peut-être aussi des troupes; fonctionnaires et soldats doivent faire preuve de la plus grande intégrité[1]. C'est Julianus, parent d'Ennodius (*adfinis*)[2], qui occupe ce poste dans les premières années du règne de Théodoric. Il lui écrit plusieurs fois, tantôt pour se féliciter de recevoir de longues lettres de lui, lettres marquées au coin d'un fin esprit littéraire[3], tantôt pour se réjouir de ce que, appelé aux plus hautes fonctions de l'État, il y demeure longtemps[4], soit enfin pour des affaires de sa charge et au sujet de ces fonctionnaires qu'il avait sous ses ordres, dont une certaine catégorie, les *conductores*, donnaient matière à de nombreuses plaintes. D'après un titre du code Justinien[5], les *conductores* auraient été les fermiers des domaines fiscaux de la maison royale, explication que vérifie d'ailleurs un paragraphe de Du Cange, qui donne au mot *conductus*, dans le haut moyen âge, le sens de rentes[6]. Dans un cas, — et il s'adresse directement à Julianus, — c'est au sujet de contestations relatives à une somme de soixante-quatre sous d'or entre Bauto, « conductor regiae domus, » Épiphane, « cartharius » et le « sublimis vir Proiectus, » contestations qu'il soumet à la décision du *comes patrimonii*[7]. Dans l'autre, il s'adresse au comte du patrimoine par l'intermédiaire de Faustus; c'est encore pour un déni de justice commis par un de ses subordonnés, un « conductor » de Modicia, Martin, qui moleste une pauvre vieille femme aveugle[8]. La première de ces deux affaires nous indique en outre, parmi les employés au patrimoine, le *chartarius* ou mieux le *chartularius*, préposé à la nomenclature et à l'inscription des revenus, des hommes ou des récoltes du domaine[9].

Dans cette cour, telle qu'Ennodius nous permet de l'entrevoir, en dehors des grands dignitaires, vivent encore des seigneurs romains, dont la seule fonction paraît être la présence, tels que cet Urbicus, qui joignait l'éloquence d'un Cicéron à la sagesse d'un Caton[10], ce Pamfronius, l'ami d'Ennodius[11] et *vir inluster*,

---

1. Cass., *Var.*, VI, 9. — 2. Ennod., *Fausto*, 116-18. — 3. 133-29, 134-6. — 4. 144-14. — 5. *Cod. Just.*, liv. XI, tit. LXXI. — 6. Du Cange, s. v. Conductus. — 7. 231, ap. CCCVI. — 8. 219-15.

9. *Cod. Just.*, liv. XII, tit. LI ; *De Corniculariis, Chartulariis, Numerariis,* et, en outre, Du Cange, s. v., parle des *chartularii regiorum equorum, sacri cubiculi, numerorum militarium*, dont les titres précisent la fonction.

10. *Vit. Epif.*, 101-12.

11. On ne peut traduire autrement le mot de *frater*, dont il se sert pour le

dont il salue l'entrée au palais et les premiers pas dans la carrière des honneurs[1], ce Constantius *vir inluster* aussi[2] et ce Senarius, qui paraît avoir occupé des fonctions diplomatiques[3].

Le roi est entouré de gardes et Ravenne est le siège d'un haut commandement militaire; les Romains, là encore : Constantius[4], Agapitus[5], Honoratus[6], occupent le premier rang dans ces cohortes chargées, pendant le jour, de veiller sur la ville royale[7].

En ajoutant aux quelques renseignements que nous donne l'évêque de Pavie le catalogue très précis des fonctions palatines que Cassiodore nous a conservé, en le comparant à celui qui peut se dresser à l'aide des différentes parties du code Justinien, nous voyons que la cour du roi goth ressemblait, à s'y méprendre, à celle de ses prédécesseurs et à celle de Byzance.

Si de la cour on passe aux fonctions publiques, on constate la même similitude.

V.

Les fonctionnaires.

Comme dans l'administration romaine, parmi les ministres de Théodoric, le plus important des dignitaires, celui dont le pouvoir est le plus général et le plus étendu, c'est le préfet du prétoire, qui était alors Faustus, l'ami d'Ennodius et son correspondant le plus habituel. C'était un personnage considérable : son autorité sur les personnes était grande, il jouissait d'un pouvoir de police, il disposait des biens vacants, il avait toute autorité sur les délits provinciaux, il était maître de la poste et distribuait les autorisations de s'en servir, *evectiones*. C'est lui qui fait presque la loi, nous dit Cassiodore; quand il rentre au palais, on l'adore comme le souverain, et, lorsqu'il juge, sa personne est sacrée; sur le *forum*, sa juridiction est souveraine et n'est diminuée que par celle du maître des milices. Il juge les curiales, ceux qu'on appelle un petit sénat; son pouvoir judiciaire est si redoutable qu'il n'est personne dans les provinces pour lui résis-

recommander dans ses lettres à Faustus et à Agapitus. (141-11, 142-11, 191-10.)
1. 191-9, 10. — 2. 71-1, 140-20. — 3. 191-9. — 4. 70-13. — 5. 131-13. — 6. 75-19.

7. *Excubiae* ne se peut entendre que des gardes de jour, par opposition à *vigiliae*, les gardes de nuit.

ter ; il procure l'annone, le souverain le consulte en tout, et, quoique les autres dignités aient des titres définis, celle-là les surpasse toutes en les englobant[1]. Sans être taxé de trop d'exagération, on peut dire que le préfet du prétoire était un véritable vice-roi.

Ennodius nous fait connaître ensuite le *comes sacrarum*, auquel il recommande, par l'intermédiaire de Marcellianus, Virgilius *sublimis vir*, remarquable par son honorabilité comme par sa naissance, qui avait reçu de lui l'ordre de se rendre à Ravenne, ordre que son grand âge l'empêchait d'exécuter[2].

Le *comes sacrarum largitionum* était le ministre des finances. A l'*aerarium sacrum*, dont il était le chef, confluait le produit de tous les impôts directs ou indirects, les revenus des propriétés ou des institutions d'État, mines, manufactures, etc. Il présidait aux dons faits par le prince, et ce n'était pas une charge dédaignée que celle d'être le maître des largesses publiques et de la joie universelle. Outre ces fonctions financières, il assumait encore celles de diriger les monnaies, les manufactures de l'État, de surveiller les banquiers, en un mot d'avoir haute juridiction sur tout ce qui se faisait ou se trafiquait en vêtements précieux, en pierres de joaillerie, en airain et en argent; enfin, il était le grand maître du commerce du sel[3].

C'est un ami d'Ennodius qui est revêtu, à l'époque où nous sommes, d'une autre fonction non moins importante, celle de questeur; aussi, toujours désireux de ne pas perdre d'utiles et de hautes relations, s'empresse-t-il de lui écrire et de lui dire que ses fonctions élevées ne peuvent pas l'empêcher de l'aimer, comme il le lui a promis[4]. Sur le questeur retombait, à un moment où les textes législatifs se multipliaient, tout le poids de la jurisprudence et de la confection des lois. Si le prince a quelque doute, il a recours au questeur, trésor des traditions, arsenal des lois, toujours prêt à répondre à l'improviste; il doit allier la parfaite connaissance du droit à la souplesse du langage, de telle sorte que l'on ne puisse rien reprendre aux constitutions du prince[5]. Comme on comprend, dès lors, l'exclamation de Cassiodore : « Qu'il est pénible d'assumer la responsabilité de traduire la pensée du souverain[6]! » Il faut convenir, d'après cela, qu'il est bien,

---

1. Cass., *Var.*, VI, 3. — 2. 117-24. — 3. Cass., *Var.*, VI, 7. — 4. 146-28. —
5. Cass., *Var.*, VI, 5. — 6. *Ibid.*, id.

suivant l'expression de l'évêque de Pavie, la substance des lois[1]. D'après le code Justinien, le questeur avait encore la garde des rôles et des contrôles de ces emplois inférieurs, dont Ennodius nous fait connaître un certain nombre[2].

D'abord l'avocat du fisc (*advocatus fisci*)[3]. Ce fonctionnaire choisi parmi les avocats, pourvu d'un traitement, siégeait auprès des tribunaux dans les différentes localités de l'Italie[4]. Sa fonction consistait à sauvegarder les intérêts du fisc[5] en ce qui concernait les successions et les biens qui devenaient vacants. C'était généralement par cette fonction que débutaient les jeunes gens d'avenir. Eugenetus, d'avocat du fisc qu'il était, est nommé par Théodoric maître des offices, en récompense de ses services[6].

Le *peraequator*, destiné à répartir également le cens[7] dans la ville choisie comme résidence royale, qui est à la nomination du maître des offices[8].

Le *judex vilium personarum*. Celui dont Ennodius nous parle est en proie à des embûches[9] que ses fonctions peuvent expliquer. On appelait, en effet, *viles* ou *turpes personae* certaines catégories de gens, comme les bourreaux, les loueurs d'écuries, les propriétaires de tavernes, les bas commerçants, les tenanciers des maisons de débauche, qui dépendaient de la juridiction d'un juge spécial dont nous n'avons pu trouver dans aucun texte les attributions ni les pouvoirs[10].

Le *vicarius*, *sublimis vir*, qui est mêlé à cette affaire pour laquelle Ennodius écrit à Avienus, est un magistrat dont il nous entretient encore dans une lettre à Florus, son parent, bien en cour, à qui il recommande la cause d'Eleutherius, que le *vicarius* avait expliquée à sa façon au préfet du prétoire[11]. Le *vicarius* était un fonctionnaire de l'ordre judiciaire[12] que, d'après le commentaire

---

1. 170-5. — 2. *Cod. Just.*, I, 30, Const. de Théodose. — 3. 34-9.

4. Daremberg, *Dict. Antiq. Rom.*, s. v.

5. « Sume igitur fisci nostri tuenda negotia, » dit Théodoric à Marcellus en le nommant avocat du fisc. (Cass., I, 22.)

6. Cass., *Var.*, I, 12.

7. 16. « Peraequatores aequalium victualium. » (Cass., VI, 6, et *Cod. Just.*, XI, 57.)

8. *Formula magisteriae dignitatis.* (Cass., VI, 5.) — 9. Ennod., *Avieno*, 241-8.

10. Pauly, *Real Encyclopaedie*, s. v. Turpes personae.

11. « Sublimis vir vicarius. » (241-10.) « Spectabilis vir Eleutherius in negotio suo, quod a domno praefecto audiendum vicarius susceperat, ad amplitudinem vestram a me commendaticias speravit. » (283-30.)

12. Le tit. xxxviii du liv. I du *Code Justinien* porte sur l'office de vicaire et

de Godefroy au code Justinien, le préfet du prétoire déléguait dans un *tractus* ou dans un diocèse pour le suppléer[1]. Le *tabularius*, enfin, qui avec le *numerarius* tenait les archives publiques des villes et était le comptable des contributions[2]; c'est au *tabularius* de Côme, Laurentius, qu'Ennodius intéresse Faustus[3].

Tous ces fonctionnaires, on le voit, depuis les plus élevés jusqu'aux plus humbles, sont Romains. Il n'est même pas jusqu'à des femmes italiennes qui ne soient revêtues de charges par Théodoric, comme cette noble romaine Barbara, dont Ennodius parle souvent avec éloges et à qui l'on cherche à faire obtenir cet emploi indéterminé, les « comitatenses excubias[4]. »

Nulle part donc, on ne sent que Théodoric ait fait des efforts soit pour créer, soit pour s'attacher un personnel nouveau; ce qui se passe, au contraire, marque la continuité de la tradition, continuité dans les offices, réglée par les constitutions impériales, dont pas un n'est nouveau, continuité dans les mœurs. On agit sous Théodoric comme on agissait sous Odoacre, comme on l'avait fait sous Valentinien ou du temps d'Honorius. Une charge vient-elle à vaquer, celle d'avocat du fisc par exemple? Les intrigues naissent, agitent toute une province, les évêques s'émeuvent, Ennodius, sur l'ordre de son prélat, écrit à Faustus pour le mettre en garde contre les insistances qui pourraient être faites auprès de lui et pour le prier implicitement de choisir un homme probe[5]. S'agit-il d'une fonction moindre, celle de *peraequator*[6]? Même tableau ; l'affluence de candidats est telle qu'Ennodius ne peut se retenir d'en railler Faustus.

Vivant dans un monde de fonctionnaires, qu'il dénombre avec force éloges dans une de ses lettres[7], allié même aux plus hauts d'entre eux, l'évêque de Pavie n'a, à leur endroit, que des éloges à décerner. Écrivant à Olybrius, ne va-t-il pas jusqu'à dire que la paix et la tranquillité qui règnent dans l'État sont une preuve qu'il en est le serviteur et qu'il travaille avec ardeur[8]?

stipule ceci : « In civilibus causis vicarios comitibus militum convenit anteferri : in militaribus negotiis comites vicariis anteponi. »

1. *Comm. Goth.*, lib. I, ad tit. 38.
2. Du Cange, s. v., d'après une constitution de Valens au code Théodosien.
3. Ennod., *Fausto*, 219-15.
4. Cf. 260, 6, 11-281, 24, 13-285, 4-315, 15. Voici ce texte : Ennod. *Barbarae*, 281, 24 : « Promitto mihi etiam et desideriis meis, quod.... ad comitatenses excubias, quae votis meis satisfaciat, dignitas adepta vos evocet. »
5. P. 34. — 6. P. 16. — 7. P. 314. — 8. 48-1.

Dans le panégyrique, il proclame qu'il n'y a que des fonctionnaires capables et méritant leur poste[1]; il semble vraiment que le portrait du fonctionnaire modèle, tel que Théodoric le trace dans une longue lettre au Sénat, soit celui de tous les fonctionnaires de la nouvelle royauté. « Il fut, » y dit-il, en parlant de Cassiodore, « respecté des soldats, doux aux provinciaux, avide de donner, peiné de recevoir; il détesta le crime et aima l'équité[2]. »

Il n'en est pas tout à fait ainsi, et c'est Ennodius lui-même qui nous fournit les correctifs nécessaires.

Les juges ne sont pas tous intègres. Son proche, Julianus, a une affaire que traversent les intrigues de Marcellinus; notre auteur, son protecteur, en informe Faustus. Julianus est en différend avec Gevica; on l'informe que celui-ci a été cité; il court à Milan et reste trente ou quarante jours à la disposition du juge. Loin de mettre l'affaire en délibération, le juge conteste même son droit à Gevica, qui avait intenté l'action[3]. Voici maintenant les juges vénaux. Un clerc de l'abbé Étienne, sans doute, est mal jugé à Milan par une sentence entachée de vénalité; il perd la tête. Ennodius lui propose alors d'écrire à Faustus et de lui députer quelque envoyé pour empêcher que cette inique sentence ne soit exécutée[4]. L'histoire du conducteur Bauto et du *chartarius* Épiphane nous révèle encore de regrettables coutumes. Bauto, d'après le rôle d'impôts, devait rendre sur sa recette soixante-quatre sous des deniers publics. Il ne put le faire, car Épiphane, par l'entremise du *sublimis vir* Projectus, en avait touché quarante, comme droit d'entrée en fonctions (*nomine suffragii*)[5]. Ce *suffragium*, ce don de joyeux avènement que percevaient les fonctionnaires romains du Bas-Empire était une des plus fâcheuses habitudes qu'on pût concevoir, car, comme le remarque très justement Justinien, celui qui donne de l'argent achète l'administration. Cet empereur consacra à cette question une très longue *Novelle*, qui se termine par un serment solennel que devaient prêter tous les fonctionnaires entrant en charge, promettant de ne jamais percevoir de *suffragium*, contents de ce que leur attribuait le fisc[6].

---

1. *Panegyr.*, 212-15. — 2. *Var.*, I, 4. — 3. 116-18. — 4. Ennod., *Stefano abbati*, 81-17. — 5. 231-26.

6. *Auth. Collat.*, II, tit. 2, nov. VIII. Elle contient, outre la préface, 14 cha-

Le mal existait déjà sous Théodoric, à son comble à ce qu'il semble, puisque le malheureux Bauto ne put retirer de bénéfice d'avoir acquitté cet impôt, ni jouir de l'avantage d'être protégé, d'être couvert par le *jus patrocinii*, comme il était d'usage en semblable circonstance.

Pour montrer à quel point le gouvernement de Théodoric était romain, le *cursus* des personnages cités par Ennodius nous servira de dernier exemple.

Faustus, le correspondant le plus habituel d'Ennodius, était, nous l'avons vu, un homme considérable. Il fut successivement consul[1], questeur[2], patrice[3] et enfin préfet du prétoire[4]. C'est le plus grand personnage de l'époque et cet illustre descendant de l'illustre famille anicienne, chargé de missions délicates, entre autres son ambassade auprès d'Anastase, paraît avoir joué le rôle d'un conciliateur et d'un intermédiaire entre les Romains et Théodoric[5].

Liberius, patrice[6], eut une non moins grande fortune. Pas de nom plus célèbre que le sien à cette époque. D'abord adversaire de Théodoric, il combattit vivement en faveur d'Odoacre, puis se rallia au nouveau gouvernement, fut chargé de la tâche délicate d'établir les Goths, et administra la Gaule ligurienne (*praefectus Galliarum*) sous le roi Athalaric[7]. Ennodius ne tarit pas de louanges sur son compte; il le loue d'avoir enrichi le trésor, il le loue d'avoir rendu le tribut possible, d'avoir apporté de la douceur et de l'humanité dans le fonctionnement de l'administration financière et d'avoir donné aux propriétaires une sécurité qu'ils ne connaissaient plus; les terres du fisc que Théodoric, par droit de conquête, attribua à ses soldats, c'est lui qui les répartit, et cela à la satisfaction de tous, de telle sorte que les vainqueurs ne désirèrent rien de plus et que les vaincus ne sentirent aucun dommage[8].

Senarius, ami et parent d'Ennodius, occupa une charge militaire[9]; distingué dans ces fonctions par Théodoric, le roi se l'attacha plus étroitement[10] en le faisant servir à sa cour[11]; il rem-

---

pitres, plus un édit : « ... Contentus iis quae statuta sunt mihi de fisco annonis. »

1. 15-3. — 2. *Fausto quaestori*, 74-18. — 3. 198-17. — 4. 304-30, 305-21, 306-26. — 5. 141-20. — 6. Ennod., *Liberio patricio*, 153-21. — 7. 308-6; Cass., *Var.*, VIII, 6. — 8. P. 307. — 9. 152-14. — 10. 233-12. — 11. 274-34.

plit en outre certaines missions diplomatiques et fut comte du patrimoine[1].

Agapitus est patrice[2], consul en 517[3], occupé à la garde de Ravenne[4]. Théodoric lui confia une mission (*legatio*) en Orient[5], le nomma préfet de la ville[6] et en cette qualité le chargea de nombreux travaux d'embellissement[7]. Ennodius en fait le plus grand cas : il le déclare riche de science et d'honnêteté[8] et reconnaît que, si son élévation fut tardive[9], il sut la justifier et la mériter par une administration pleine de soins et d'équité[10].

Olybrius, avocat d'une rare éloquence, d'après notre auteur[11], fut aussi amené aux affaires et prit rang parmi les fonctionnaires du royaume. Sénateur illustre[12], il fit partie du gouvernement[13] et plus tard devint questeur sous Athalaric[14].

C'est aussi un avocat qu'Eugenetus[15], *vir inluster*[16], pourvu de charges publiques[17] et qui se poussa dans l'administration, grâce à Faustus[18], au point de devenir questeur[19], puis maître des offices[20]. Homme de talent et de mérite, Ennodius l'appelle l'honneur de l'Italie[21].

Avocats de même, de même chargés de fonctions officielles, Florus et Decoratus[22].

Tous ces Italiens, tous ces nobles, tous ces sénateurs, sauf une exception connue, celle de Liberius, servent donc, dès le début, et avec empressement, le nouveau gouvernement; ils s'y sont donnés sans arrière-pensée et y font leur carrière, parce que ce gouvernement n'innovait rien, qu'il n'avait rien d'étrange, rien de barbare, qu'il était entièrement romain et la continuation de séculaires traditions.

VI.

Théodoric et le Sénat. — Le Consulat.

Pour un souverain qui respectait ainsi l'état de choses établi, deux institutions, qui portaient en elles toute l'histoire du passé,

---

1. Ennod., *Senario*, 190-28, 191-9; Cass., IV, 3. — 2. « Est Agapitus patricius. » (315-2.) — 3. 22-28; *Fastes*, ann. 517, Fl. Agapetus. — 4. 131-13. — 5. Cass., *Var.*, II, 6. — 6. « Theodoricus Agapito praef. urbi. » (Cass., I, 6, 41.) — 7. Cass., I, 6, 23. — 8. 315-8. — 9. 22-28. — 10. 131-14. — 11. 30-12. — 12. Ibid. — 13. 48-2. — 14. Cass., *Var.*, VIII, 19. — 15. Cass., *Var.*, I, 12. — 16. Ennod., CCXIII, 146-22, 150-8. — 17. 198-26. — 18. 146. — 19. Ennod., CCXIII, 5. — 20. Cass., *Var.*, I, 12. — 21. *Decus Italiae*, CCXIII, 11. — 22. 282-26, 21-11, 233-23, 283-35, 235-12.

devaient solliciter son attention et être l'objet de tous ses soins :
le Sénat et le Consulat.

A partir d'Honorius, le Sénat prend une part de plus en plus
prépondérante dans le gouvernement de l'Italie; c'est lui qui, à la
mort de Sévère, demande un empereur à Léon, c'est lui qu'Augustule et Odoacre chargent de la même mission auprès de
Zénon. Majorien, dans une *Novelle* célèbre, remercie le Sénat
de son choix et promet de gouverner suivant ses avis; c'est sur
la curie que s'appuie Anthémius pour engager avec Recimer une
lutte qui devait lui être fatale. Le Sénat représente alors l'autorité publique et son concours est jugé indispensable parce qu'il
est le gardien des traditions administratives et qu'il agrée les
fonctionnaires civils[1].

Théodoric ne manqua pas de l'honorer comme il convenait.
Déjà, au moment de la conquête, c'est le chef du Sénat, Festus,
c'est un sénateur, Faustus, qu'il charge d'aller demander à l'empereur la confirmation de son pouvoir; quand il fut maître de l'Italie, il ne changea pas de politique, et lorsqu'il entra dans Rome,
ce fut à la curie qu'il se rendit tout d'abord[2]. Ces bonnes intentions
du roi barbare n'échappent pas à Ennodius, qui note avec grand
soin tous les égards dont il fait preuve à l'égard de l'assemblée.
« Vous avez, lui dit-il, couvert de nombreuses fleurs la couronne
du Sénat; » c'est presque en termes identiques que Théodoric
parle de ce corps quand il lui écrit[3] et qu'il souhaite « de décorer
sa couronne de la fleur de faisceaux variés. » Pour bien saisir
toute la raison de cette politique, pour apprécier à leur juste
valeur et les paroles du roi et les éloges du panégyriste, il faut
savoir que Théodoric, qui y mit fort peu de Goths[4], voulut
que le Sénat se recrutât surtout dans l'ancienne aristocratie[5].
On y entre, de son temps, non pas seulement par la naissance, mais par une élévation à une dignité qui confère le
titre d'illustre, par la nomination directe que fait le Sénat lui-
même, et par la présentation au Sénat des candidats du roi. Sous
Théodoric, la curie devient souveraine à Rome; elle y dirige la
police municipale de concert avec le préfet, jouit même d'une
certaine juridiction, organise les jeux du cirque, a la haute main
sur les écoles de la ville et les corporations ouvrières, est chargée

---

1. Lécrivain, *le Sénat romain depuis Dioclétien*, 1888, p. 143 et suiv. —
2. Anon. Valés., p. 310. — 3. Ennod., 310-10; Cass., *Var.*, I, 4. — 4. Quatorze,
au compte de Ch. Lécrivain, 158, n. 2. — 5. Cass., I, 41; III, 6; VI, 14;
VIII, 19.

enfin d'entretenir les murailles, les bâtiments publics, les égouts[1]. En matière législative, le Sénat garde le droit de légiférer, et la confirmation sénatoriale donne seule force de loi à un édit royal[2].

Aussi, les *Variarum* de Cassiodore sont-ils remplis des lettres de Théodoric au Sénat; il n'est pas une nomination un peu importante qu'il ne décide, pas un emploi auquel il ne nomme, qu'il n'en informe immédiatement les sénateurs, dans les termes les plus déférents, sollicitant même leurs conseils et leur approbation. Il y a sans doute beaucoup de formalisme dans cette déférence; mais toutefois Théodoric obéit à un sentiment sincère. Il se souvient qu'une conduite impolitique d'Odoacre à l'égard du Sénat lui a fait fermer les portes de Rome et que, de ce jour, sa déchéance s'accentua. Il ne tient même pas rigueur aux sénateurs qui ne vont pas lui faire leur cour à Ravenne et qui demeurent fixés à Rome; témoin Festus, prince de la curie, qui paraît avoir boudé le nouveau gouvernement[3] et qui cependant fut patrice et auquel Théodoric n'adresse pas moins de quatre lettres, toutes très élogieuses[4]; témoin encore Symmaque, patrice aussi[5], et que le roi loue des édifices qu'il a fait construire[6].

Malgré toutes ces précautions, toutes ces prévenances, toutes ces flatteries, c'est le Sénat qui le perdra, en prenant position contre lui dans l'affaire du schisme et en provoquant l'hostilité de Byzance. Cette opposition de la curie troubla, dans la suite, si profondément Théodoric qu'elle le rendit soupçonneux et cruel, qu'elle le poussa à des exécutions dont eurent à souffrir surtout les familles sénatoriales et dont la plus illustre victime est le sénateur Boëce.

Le Consulat a gardé pour Théodoric toute sa valeur, sans doute parce qu'il rappelait la première et la plus glorieuse des magistratures romaines et qu'ensuite il avait été lui-même consul à Byzance; il y tenait d'autant plus que la désignation des consuls était une prérogative de l'autorité impériale, de cette autorité qu'il lui avait été impossible de faire reconnaître par l'empereur. Nous avons vu que, tant que dura la crise, il n'y eut pas de consuls en Occident; aussitôt la paix faite « de praesumptione regni, » ils reparaissent dans les fastes.

---

1. Cass., I, 21, 25, 30, 32; IV, 43; V, 21-22; VII, 6, 13, 15; IX, 2; X, 28. — 2. Cass., VI, 4; Lécrivain, 156 et suiv. — 3. Ennod., 314-31. — 4. Cass., *Var.*, I, 15, 39; II, 22; III, 10. — 5. Ennod., id. — 6. Cass., *Var.*, IV, 51.

Certes, le Consulat avait perdu de son importance première ; on le dédaigna même à une certaine époque, ou tout au moins on l'amoindrit : une constitution de Valentinien et de Marcien[1] s'élève contre la rapacité des consuls, leurs tendances à l'épargne, et impose chaque consul à cent livres pesant d'or pour la réparation des aqueducs. Après avoir été, comme le rappelle si justement Justinien, une défense contre la guerre, les empereurs se chargeant de combattre, le Consulat ne fut plus qu'un prétexte à largesses[2], ce qui peu à peu écarta les candidats[3]. C'est contre cette pénurie de candidats, que rappelle Ennodius[4], que Marcien et Justinien se sont élevés.

Le Consulat n'est donc plus qu'un titre honorifique ; dans la formule de nomination, Cassiodore ne peut que nous résumer son passé historique, comme le fait d'ailleurs Justinien dans sa *Novelle ;* en fait de fonctions, la recommandation d'être magnanime, de ne pas économiser sur ses deniers[5] ; mais plus de pouvoirs. La formule s'en félicite : « grâce à Dieu, nous gouvernons, et votre nom désigne l'année, et vous êtes supérieur en bonheur au prince lui-même, car vous êtes pourvus des plus hauts honneurs et déchargés du faix du pouvoir[6]. » En revanche, le consul est autorisé à faire montre d'un luxe princier ; rien ne lui est refusé : le manteau palmé sur les épaules, le sceptre en mains, chaussé de souliers dorés, il peut s'asseoir sur la chaise curule[7] et faire triomphalement dans la ville les sept processions ordonnées par Justinien[8].

Cependant, le souvenir du passé, la prérogative de donner son nom à l'année émeuvent quelques esprits. Théodoric écrit sur le Consulat une lettre dithyrambique à Anastase[9], et les Italiens pensent comme lui ; Ennodius, à l'occasion de l'élévation au Consulat, en 501, d'Avienus, fils de Faustus, s'écrie : « Si l'on peut avoir quelque respect pour les dignités du passé, si c'est un grand honneur pour un homme de survivre à la mort, si la prévoyance des ancêtres a créé quelque chose de bon, par où les humains triomphent des années, c'est bien le Consulat, dont la durée met un terme à la vieillesse et supprime toute disparition[10]. » Cette lettre curieuse nous permet encore de surprendre bien des pensées des contemporains d'Ennodius. On y voit l'honneur que les

---

1. *Cod. Just.*, XII, 2. — 2. *Just. Auth.*, coll. VIII ; Novelle, CV, tit. VI, Praefatio. — 3. « Spargere populo. (*Ibid.*) — 4. *Vide infra.* — 5. Cass., *Var.*, VI, 1. — 6. *Ibid.*, id. — 7. *Ibid.*, id. — 8. Novelle, citée, *supra.* — 9. Cass., *Var.*, II, 1. — 10. 14-1.

familles ressentaient de ce que le Consulat ne sortît pas de leurs *gens*. Ennodius est allié à Faustus ; celui-ci a eu des ancêtres consuls ; par une sorte de continuité pleine de gloire, cette dignité s'était transmise jusqu'à lui[1], mais il n'en était pas de même de la famille d'Ennodius. Jadis, le Consulat y avait été fréquent, mais il y avait eu une regrettable interruption, que notre auteur est plein de joie de voir cesser par l'élévation d'Avienus[2] ; il compte bien d'ailleurs que cet honneur ne sortira plus de sa famille[3]. Cette quasi hérédité faisait bien des jaloux, et les brigues se multipliaient pour que le Consulat ne s'éternisât pas chez les héritiers d'un même sang ; Ennodius le prouve et se félicite que la sienne ait triomphé des envieux[4].

A en juger par la liste ininterrompue des consuls, depuis la paix avec Byzance, on peut croire que les Italiens pensaient comme l'évêque de Pavie et qu'ils considéraient, avec lui, que le plus beau titre de gloire de Théodoric était, sous son principat, de voir « plus de consuls qu'il n'y avait eu auparavant de candidats[5]. »

VII.

Le gouvernement de Théodoric.

C'est par la politique, c'est par la douceur que Théodoric avait réussi à supplanter Odoacre et à se faire des partisans. C'est par les mêmes moyens qu'il gouverne, au temps où Ennodius écrit ; son règne, nous l'avons vu, n'est pas un changement, mais une continuation. Ennodius, Paul Diacre, l'Anonyme Valésien, toutes les sources, tous les documents nous prouvent que cette époque ne fut pas celle de la domination des Ostrogoths sur l'Italie, au sens précis du mot, mais celle où les Ostrogoths se firent romains pour gouverner l'Italie.

Restaurateur du pouvoir royal, de son éclat et de sa pompe, Théodoric, pour gouverner, suivant son plan, s'entoura de fonctionnaires italiens, et c'est à eux qu'il confia le soin de pacifier et de régir le pays. A les aider, il apporta lui-même une grande conscience.

Lorsqu'Épiphane lui fait un saisissant tableau de la misère de l'Italie septentrionale, Théodoric résume ses doléances et lui

1. 14-14, 15-2. — 2. 13-28. — 3. 13-36, 14-16. — 4. 13-30. — 5. *Panegyr.*, 209-6.

marque combien son âme de souverain est émue de pareilles misères : « Tu vois, lui dit-il, les localités de l'Italie vides de leurs laboureurs ; ma tristesse est non moins grande que la tienne à cette vue : cette mère des moissons humaines, la Ligurie, qui portait chaque année une lignée d'agriculteurs, est maintenant veuve et stérile ; la terre elle-même m'interpelle pour me reprocher ses champs en jachères et ses vignobles improductifs. La faute en est au cruel Burgunde, qui a fait prisonniers les paysans de Ligurie ; si nous ne les rachetons pas, nous les perdons et nous ne venons pas en aide à la patrie mutilée. Nous avons de l'or en réserve, et, quoi qu'il en soit, nous payerons leur rançon par l'or ou par le fer[1]. » Ceci dit, il propose à l'évêque de se charger de négocier le rachat des captifs ; Épiphane accepta ; le roi lui fit remettre l'argent nécessaire[2] et il ramena triomphalement six mille des prisonniers dont il avait obtenu, par son éloquence, la liberté de Gondebaud, sans parler de ceux qui furent rachetés argent comptant[3]. On conçoit quel retentissement un pareil discours, suivi d'un pareil résultat, dut avoir dans toute l'Italie et quelle bienveillance devait rencontrer auprès des vaincus un souverain qui, pour don de joyeux avènement, rendait au pays les hommes qui en avaient été arrachés à cause de lui.

Refaire les forces de l'Italie, restaurer le gouvernement, étendre l'action civilisatrice de l'empire, avoir toujours en vue cette tradition romaine, cette *civilitas* sur laquelle il entend se modeler, tel est son but, et il le fait dire à Cassiodore[4].

Comme fonctionnaires, il sait prendre des hommes qui inspirent confiance, des Liberius, par exemple, dont l'action fut si bienfaisante ; il fait droit au mérite[5]. L'Italie s'en ressent aussitôt[6] et une plus grande régularité règne dans les fonctions publiques[7]. Il ne craint pas de louer, comme une vertu, l'attachement même au vaincu[8] ; il fit de l'administration une sorte de récompense, reconnaissant par les places données aux enfants les services des parents[9] ; il sut attirer à sa cour les jeunes gens, les fit initier par des hommes d'expérience ; il ne resta pas sourd aux recommandations que Faustus glissait à « l'oreille du prince »[10], recommandant lui-même les fils de ses hauts dignitaires[11] et se conduisit, en

1. *Vita Epif.*, 101-25. — 2. 102-28. — 3. 106-2. — 4. Cass., 1, 27. — 5. 212-5. 6. Ennod., *Juliano*, 144-7. — 7. Ennod., *Senario*, 233-12. — 8. Liberius, cf. Cass., *Var.*, II, 16. — 9. 212-17. — 10. P. 146. — 11. Cass., *Var.*, 1, 41.

un mot, comme un chef d'État désireux d'assurer la stabilité de
son pouvoir et de le faire aimer. Ici, c'est Faustus patronnant
Eugenetus, le poussant au poste de questeur[1]; là c'est le jeune
Faustus qui éveille la sollicitude du roi et pour lequel il écrit à
Agapitus afin de le désigner à sa bienveillance et de le faire
inscrire parmi les référendaires de la curie; ailleurs, c'est Avienus, un autre fils de Faustus, qui est élevé au Consulat. Personne, remarque Ennodius, ne put se désespérer de ne pas arriver aux honneurs[2]; personne ne put se plaindre, fût-il un
inconnu, qu'on ait rejeté ses demandes, pourvu qu'elles aient été
faites à bon droit[3]; personne enfin ne vint auprès du roi sans
être comblé de dons[4].

Il est toutefois une remarque d'Ennodius qu'il est bien difficile
d'admettre : « Personne, dit-il dans son panégyrique, ne gémit
sous son règne des misères de la proscription; personne ne souf-
frit des fautes de ses parents[5]. » Si Théodoric n'a exilé personne,
sa conscience n'en reste pas moins chargée de deux meurtres
retentissants, ceux d'Odoacre et de Boëce. Ennodius n'a pas
connu le dernier; quant au premier, il n'en parle que pour l'excuser, mettant le massacre des Barbares qui s'étaient rendus et l'assassinat de leur roi sur le compte d'une raison d'état qu'il expose
ainsi : « Ton esprit toujours prompt au pardon crut que les vaincus se soumettraient à la loi de la nécessité, eux dont les princes
n'avaient jamais connu l'esprit conciliateur, et ce qui t'a sauvé,
grand roi, c'est que tu repoussas le serment qu'ils t'offraient
pour caution. Nous étions anxieux, craignant de te voir périr de
la main de ceux des Barbares que tu avais reçus à résipiscence;
grâces soient rendues à Dieu, qui permit de reconnaître la vieille
erreur et de susciter les glaives vengeurs. Pourquoi cacher ce qui
s'ensuivit? Ils le voulurent ainsi ceux qui promirent à nouveau le
royaume à cet Odoacre, qui tendait un bras débile, et le conseil
que tu pris secrètement était déjà approuvé de tout le peuple;
l'ordre du massacre tant désiré fut envoyé dans les provinces les
plus éloignées[6]. » Ainsi, pour Ennodius, Théodoric n'a fait que
se défendre; son acte est même un effet de la Providence. L'explication de notre auteur est assez nouvelle, car on est habitué à con-
sidérer l'assassinat d'Odoacre comme un guet-apens. Amédée

---

1. P. 146. — 2. 210-10. — 3. 210-12. — 4. 210-13. — 5. 212-19. — 6. *Panégyr.*, 209-13.

Thierry[1] fait même du meurtre un récit pathétique, qui n'est que le résumé d'un tableau présenté de la même façon par tous les historiens ses prédécesseurs. Cependant, doit-on accuser Ennodius, un évêque, un prélat qui fut canonisé, d'avoir à ce point déguisé la vérité et d'avoir fait avec joie[2] l'apologie du crime? Après ce récit, il s'écrie : « Rendrai-je des actions de grâces, moi qui ai assumé la tâche de panégyriste, ou bien continuerai-je à louer tes hauts faits comme j'ai commencé à le faire[3]? » Il semble qu'il y ait dans sa pensée un moment d'hésitation, presque un remords; mais aussitôt il continue : « La chose est consommée : ce fut une guerre fatale et heureuse à la fois; la présomption d'Odoacre est punie, puisque sa tromperie n'a pu lui servir[4]. » Il est donc impossible d'admettre qu'après cette réflexion, ce soit de gaieté de cœur qu'Ennodius ait persévéré dans son étrange absolution; il faut donc conclure que dans ce qu'il dit il y a quelque chose de vrai. Il y a deux contemporains qui ont écrit sur ces événements : l'Anonyme et Cassiodore. Le dernier, dans sa chronique, dit brièvement qu'Odoacre ourdissant des intrigues, Théodoric le tua[5]. L'Anonyme Valésien est plus explicite, et les termes qu'il emploie, qu'il répète même, ne peuvent nous laisser de doute : « Quelques jours après son entrée à Ravenne, Odoacre se mit à intriguer contre lui; c'est avec prudence que Théodoric découvrit le complot; il découvrit les intrigues dans le palais, et alors, ne faisant que prévenir les coups dont il était menacé, il tua Odoacre de sa propre main à Lauretum[6]. » C'est encore l'Anonyme qui nous confirme le fait de la tuerie générale des ennemis[7]. Plus tard, sous quelle influence, on l'ignore, des doutes commencent à naître. Jordanès, qui est postérieur aux auteurs que nous citons, dans son *Histoire gothique*, indique un double mouvement dans l'âme de Théodoric : d'abord, il accorda le pardon qu'Odoacre sollicitait, puis, se ravisant, il le fit périr[8]; dans son *Histoire universelle*, il avance que le Rugien fut étranglé dans le palais, comme s'il avait été suspect[9]. A mesure que nous nous éloignons, les détails s'accumulent contre Théodoric; un traité aurait été signé, dit Procope; les deux rois devaient régner conjointement, et le

---

1. *Récits de l'hist. romaine au V* siècle. Derniers temps de l'emp. d'Occ.*, p. 472. — 2. 209-25. — 3. 209-27. — 4. 209-28. — 5. Cass., *Chronic.* — 6. Anon., Valés., p. 307. — 7. Ibid., id. — 8. Jord., *Goth.*, p. 320. — 9. Jord., *De succ. regn.*, p. 137.

meurtre d'Odoacre fut une violation du pacte conclu[1]. Il est donc bien probable, si l'on s'en tient au texte si précis du contemporain anonyme, que les choses se sont passées comme le raconte Ennodius : la trahison de Tufa, la connivence d'Odoacre en cette affaire nous éclairent sur la valeur morale des ennemis de Théodoric.

Quoi qu'il en soit, le gouvernement du Goth ne fut pas cependant un véritable âge d'or[2]; son application à être aimable et prévenant n'exclut pas chez lui la fermeté.

Épiphane était venu avec Laurentius, évêque de Milan, le prier de pardonner à ceux qui s'étaient révoltés contre lui et de leur remettre leurs fautes[3]. Théodoric lui répondit par une ferme déclaration pleine de bon sens politique : « La nécessité de ton épiscopat, lui dit-il, te pousse à me recommander la bienveillance, mais les nécessités d'un empire qui se crée chassent la douceur de la pitié pour ne laisser que l'obligation de punir. Tu me donnes des exemples divins, mais toute peine mérite un châtiment[4]. » Toutefois le roi tenait trop à ne pas désobliger les deux évêques pour ne pas leur donner satisfaction dans une certaine mesure; après leur avoir fait entendre un langage qu'il savait devoir être répété, il ajouta : « Je me contenterai de déplacer un petit nombre de ceux qui furent les auteurs du mal, pour que, le cas échéant, on ne trouve pas, tout près de soi, des prétextes de troubles[5]. » Se tournant vers Urbicus, il lui ordonna de dresser la pragmatique d'une amnistie générale[6].

Le roi fut un grand justicier; nous le voyons à travers les textes d'Ennodius. Si, par la plume de Cassiodore, il intervient dans les questions de droit, donne des conseils sur la justice, est interrogé sur les cas douteux[7], grâce à l'évêque de Pavie, il se révèle à nous aussi comme le juge suprême du royaume. C'est à sa cour qu'Ennodius porte la connaissance des affaires embarrassantes et qu'il dénonce les dénis de justice. Tantôt il sollicite pour le fils de Sabinus accusé de violence[8]; tantôt pour Dalmatius, dont l'héritage est compromis[9]; tantôt pour une question relative

---

1. Procope, *De bello Goth.*, I, 1. — 2. 17-24. — 3. 100-28. — 4. 100-34. — 5. 101-9. — 6. 101-13.

7. Il ordonne de restituer les biens du pupille Tutianus, confisqués par son tuteur Neoterius. (*Var.*, I, 7-8.) « Ideo ad interrogationum vestram curavimus praebere responsum, » écrit-il à Domitianus et à Uva. (*Ibid.*, I, 18, etc.)

8. 222-5 et 15. — 9. 131-1.

au droit d'asile que l'Église exerçait envers les esclaves[1], si bien que ces exemples, joints à ceux de Cassiodore, nous permettent de comprendre le mot de l'Anonyme Valésien, remarquant que la discipline fut telle sous le règne de Théodoric qu'on « pouvait sans danger laisser l'or et l'argent exposés à la campagne et que les villes ne fermaient plus leurs portes[2]. »

Ce souci de l'équité et de la justice, cette exactitude à faire observer les lois ne durent pas être parmi les moindres éléments de succès de son gouvernement. — Même régularité pour les impôts[3]; même politique de douceur et de bienveillance dans les questions fiscales. On se souvient de l'action salutaire de Liberius. Ennodius nous le montre encore, sur ce point, déférant aux prières d'Épiphane. Ce n'était pas tout d'avoir racheté les prisonniers de Ligurie, il fallait encore remédier à la ruine du pays, et l'évêque vient lui demander la remise des impôts de l'année présente[4]. Théodoric lui accorda la remise des deux tiers de l'indiction courante, mais l'autre tiers il est obligé de le faire percevoir; s'il ne se montre pas plus généreux, c'est afin d'éviter que la pénurie de son trésor n'occasionne de nouvelles charges aux Romains[5]. Il soumet jusqu'aux Goths à l'impôt et au respect du trésor; « qui croirait », s'écrie Ennodius, « que ses troupes auraient montré non pas l'orgueil des conquérants, mais la réserve de vaincus[6]? » Ailleurs, il remarque que « la loi triomphe d'une armée invaincue, que les soldats tendent aux règlements leur tête couverte de lauriers et que les prescriptions légales les subjuguent[7]. » Les faits que vise Ennodius sont précisés par Cassiodore. C'est, à Adria, les Goths que Théodoric force de restituer au fisc ce qu'ils lui avaient pris[8]; en Toscane, il ordonne au Sajon Gesila de les soumettre au vectigal[9]; si les domestiques du comte des Goths et de son vicomte sont quelque part la terreur des provinciaux, Severianus informe contre eux[10]. Dans le Picenum et le Samnium, il leur ordonne d'apporter à la cour, sans en distraire quoi que ce soit, le produit des dons faits au roi[11].

Cette question financière nous amène à parler du partage des terres fait aux Goths. Le sujet est délicat et nullement éclairci. Des historiens superficiels[12], rencontrant dans Procope le mot

---

1. 16-33. — 2. Anon. Valés., p. 311. — 3. *Panégyr.*, 210-13. — 4. *Vit. Epif.*, 107-32. — 5. 108-3. — 6. 319-7. — 7. 213-38, 214-3. — 8. Cass., *Var.*, I, 19. — 9. *Ibid.*, IV, 14. — 10. *Ibid.*, V, 14. — 11. *Ibid.*, V, 26. — 12. En particulier Am. Thierry.

τὸ τριτημόριον τῶν ἀγρῶν, faussé encore par la traduction latine, en ont conclu immédiatement que Théodoric abandonna aux siens le tiers des terres italiennes sans spécifier leur nature, et naturellement ils ont présenté cet abandon comme une spoliation que les procédés d'une époque d'invasions suffisaient à peine à excuser. De nos jours, ce problème a été serré de plus près, et la conclusion n'est pas tout à fait la même. M. de Rozière[1], se fondant sur un acte de vente passé peu de temps avant la chute de la domination des Ostrogoths et publié par M. Marini, acte où le vendeur garantit l'immeuble qu'il cède libre de toutes charges (obligations envers le fisc, dette vis-à-vis des particuliers, procès en litige, et *sors barbarica*), maintient l'hypothèse de la spoliation d'un tiers. Visant ensuite deux formules conservées par Cassiodore, il ajoute à ce prélèvement primitif un impôt payable en trois termes, d'où l'expression de *tertiae*[2]. Loin de résoudre la difficulté, cette solution la complique encore. Le fait d'un impôt payable par tiers est établi et, s'il était nécessaire d'éclairer par d'autres textes le sens des mots *binorum* et *ternorum exactio* de Cassiodore, nous aurions le témoignage d'Ennodius, qui nous montre dans la Ligurie l'indiction se payant en trois versements[3]; mais cet impôt n'a rien à voir avec les assignations de terres faites par Théodoric, à moins qu'on ne veuille confondre cette assignation avec cet impôt, ces *tertiae*, ce τριτημόριον, qui deviendrait, par un contresens, la part que le roi goth a affectée à ses troupes. M. Lécrivain[4] a envisagé la question avec plus de méthode et arrive à une conclusion séduisante et cependant incomplète. Pour lui, les terres distribuées aux Goths sont les terres du fisc, d'autant plus nombreuses qu'elles se grossissaient des terres abandonnées par suite de la décadence de l'agriculture. Ce sont ces terres, — des terres publiques, — qui auraient été distribuées aux soldats de Théodoric et frappées, comme toutes les autres, d'un impôt égal au tiers des produits, si l'on adopte la leçon de Procope, ou d'un impôt payable par tiers, si l'on accepte les textes de Cassiodore et d'Ennodius. Mais la lettre d'Ennodius à Libérius nous prouve qu'en outre les

_____

1. *Acad. des Inscriptions*, séance du 29 août 1879.

2. Cass., VII, 20-21.

3. Réponse de Théodoric à Épiphane et à Laurentius : « Duas tamen... indictionis... partes cedemus... tertiam tantummodo suscepturi... » (108-3.)

4. P. 162 et suiv.

Goths ont reçu en beaucoup d'endroits un tiers de domaines privés, comme cela avait eu lieu chez les Wisigoths et les Burgondes.
Il le loue d'avoir enrichi d'innombrables troupes de Goths par
une large attribution de biens ruraux, attribution si bien faite
que les Romains s'en sont *à peine* aperçus[1]. L'abandon de
terres du fisc, de biens de l'État ne pouvait, en aucune façon,
atteindre les propriétaires italiens. Si Théodoric n'avait dis-
tribué que les terres du fisc, il n'aurait lésé que les anciens
fermiers des terres publiques, qui, comme cela s'était vu depuis
Licinius Stolon, avaient profité des troubles pour ne plus
payer leurs redevances et pour s'approprier les biens de l'État
que Théodoric leur fit rendre afin d'en pourvoir ses soldats.
Et pour tout dire sur cette question des impôts, il n'est pas
inutile de reprendre les termes de la lettre d'Ennodius à Liberius, qui nous fera mieux saisir le bon côté de la politique financière du roi ostrogoth : « C'est à peine, dit-il, si auparavant
l'Italie pouvait vivre de ce que laissait suinter le trésor public,
lorsque, toi, sans délai, tu lui as donné l'espoir d'une restauration de ses forces. C'est alors qu'on nous vit joyeusement, puisque
tu gouvernais, porter aux caisses de l'État l'argent que nous
n'avions coutume d'y déposer qu'avec la plus grande douleur.
Sous ton administration, tu as développé les ressources de l'impôt et tu lui as donné des forces pour le bien public ; le premier
tu fis affluer les richesses royales, sans le mal habituel de la con-
cussion particulière ; le souverain est riche maintenant sans que
la fortune des sujets soit amoindrie par cette richesse[2]. »

Dès les premiers temps de la république romaine, l'alimenta-
tion de l'Italie, l'annone, fut une des grandes préoccupations des
gouvernants ; elle ne fut pas étrangère à Théodoric. Ce souci
transparaît dans le recueil de Cassiodore. A Faustus, il écrit de
veiller à ce que dans les ports on ne puisse acheter de blé sur les
navires étrangers, avant que les habitants de la province aient
retenu ce qui est nécessaire à leur usage[3] ; au même, il lui
ordonne de presser l'envoi de froment qui se faisait d'habitude en
été de Calabre et d'Apulie[4]. L'Anonyme constate que de son
temps on avait soixante mesures de blé pour un sou et trente
amphores de vin pour le même prix[5], et Paul Diacre note que les

---

1. Ennod., *Liberio*, 307-25. — 2. 307-25. — 3. Cass., *Var.*, I, 34. — 4. *Ibid.*,
I, 35. — 5. Anon. Valés., p. 308, 311.

Romains furent dans la joie, car il avait ordonné qu'on distribuât chaque année au peuple vingt mille mesures de grain[1]. Enfin il s'occupe à faire restaurer des ports, surtout ceux qui sont voisins de Rome, envoie à ce sujet des ordres très précis à Sabiniacus[2], et, en un mot, ne négligea rien pour assurer, selon les moyens en usage à son époque, la prospérité matérielle du peuple de l'Italie.

Il sut comprendre les mœurs des populations qu'il gouvernait à tel point qu'il flatta leur goût pour les jeux et les rétablit. Ennodius nous cite les combats de gladiateurs qui donnaient à un peuple habitué à une trop longue paix l'image de la guerre[3]. Ce n'est pas qu'il les approuve, il les blâme même, trouvant que ce qui a la cruauté pour origine n'est pas bon[4]; mais dans un panégyrique du roi il n'a garde d'omettre ce point important; l'Anonyme non plus[5], et Cassiodore montre le roi s'occupant des spectacles et des pantomimes[6], tâchant même d'épargner aux sénateurs les injures des bouffons[7], se préoccupant de faire venir des cochers milanais pour le Consulat de Félix[8], et si, jusqu'à un certain point, il adopte la manière de voir d'Ennodius[9], il n'en fait pas moins dans une longue lettre l'éloge des jeux, engageant le consul Maximus à les donner splendides, bien qu'il soit obligé « d'ordonner des morts détestables[10]. »

Ce qui a le plus frappé les contemporains dans le gouvernement de Théodoric, c'est son goût, tout à fait étranger aux mœurs habituelles des Barbares, pour les monuments, pour l'embellissement de Rome et de Ravenne, pour les restaurations, le soin qu'il apporta à exciter le zèle de ses agents en cette matière et la quantité de travaux qu'il exécuta pendant un règne de trente-six ans. « Je vois, s'écrie son panégyriste, les villes sortir de leurs cendres revêtues d'un éclat inespéré; grâce aux bienfaits de la civilisation, partout flamboient les toits des palais; je vois même achever des monuments avant que d'en avoir deviné le plan[11]. » C'est sous une forme oratoire l'exacte expression de la vérité. P. Diacre, mal informé, nous dit seulement qu'il se fit construire des palais là où il habitait[12]; l'Anonyme, plus au courant, après avoir constaté que Théodoric fut un grand constructeur et un grand

---

1. P. Diacre, lib. XVI. — 2. Cass., *Var.*, I, 25. — 3. 213-25. — 4. 213-28. — 5. Anon. Valés., p. 308, 310. — 6. I, 20. — 7. I, 31-32. — 8. III, 39. — 9. V, 42. — 10. Ibid. — 11. 210-5. — 12. P. Diacre, *ibid.*

restaurateur de villes, énumère une partie de ses travaux : la restauration des aqueducs de Ravenne, la construction dans la même ville d'un palais, dont une mosaïque nous a conservé le dessin[1], les thermes de Vérone, l'aqueduc; à Pavie, un palais, des thermes, un amphithéâtre et des murailles[2]. Mais c'est par Cassiodore que nous pouvons juger de l'exactitude d'Ennodius; nous voyons en effet dans les pièces qu'il a conservées le roi demander des marbriers expérimentés pour achever la basilique d'Hercule[3], ordonner à l'évêque Æmilianus de construire un aqueduc[4], prescrire au patrice Symmaque la restauration du théâtre en ruine de Pompée[5]; enjoindre à Artémidore de refaire les murailles de Rome[6], à Argolicus de réparer les égouts de la ville[7]; dans les formules, nous trouvons celle du comte des embellissements de Rome[8] et celle de l'architecte public[9]; en un mot, nous y saisissons ce fait qu'il comprit bien son métier de roi en décorant et en construisant[10]. Ennodius, dans le passage cité, est même d'une exactitude plus rigoureuse encore que son style pompeux ne semble le permettre quand il dit que Rome, la mère de toutes les cités, « rajeunit de sa hideuse vieillesse par l'amputation qu'on lui fit subir de ses membres mutilés[11]. » Rhétorique est-on tenté de dire aussitôt; Cassiodore nous prouve le contraire et pour Rome et pour d'autres villes de l'Italie. En ce qui concerne Rome, il prie Festus d'envoyer à Ravenne les marbres qui n'étaient plus en place de la maison de Pincianus[12]; il donne au patrice Albinus la possession d'un portique ou d'un espace voûté pour y élever des maisons, afin que l'aspect de la nouveauté augmente l'éclat des vieilles murailles[13]. Ailleurs, il charge le comte Suna de rechercher les blocs de marbre cassés qui gisent çà et là et de les faire entrer dans la construction des murs[14]; il demande aux magistrats d'un municipe d'envoyer à Ravenne les colonnes et les pierres qui sont sans usage et qui proviennent des ruines[15]. C'est donc en coupant çà et là quelque lambeau de ruine, qu'il orne et qu'il décore, mais, à l'inverse de bien des conquérants et de beaucoup d'administrateurs, il se garde bien de toucher à ce qui est

---

1. Mosaïque de Sant' Apollinare Nuovo. — 2. Anon. Valés., p. 311. — 3. Cass., *Var.*, I, 6; III, 19. — 4. *Ibid.*, IV, 31. — 5. *Ibid.*, IV, 51. — 6. *Ibid.*, I, 34. — 7. *Ibid.*, III, 30.

8. « Formula comitivae formarum Urbis. » (*Ibid.*, VII, 6.)

9. *Ibid.*, VII, 15. — 10. Cass., *Var.*, I, 6. — 11. 210-6. — 12. *Var.*, III, 10. — 13. *Ibid.*, IV, 30. — 14. *Ibid.*, II, 7. — 15. *Ibid.*, III, 9.

intact, se contentant de prélever sur les démolitions la dîme de sa fantaisie ou d'utiliser les débris épars sur le sol.

Il ne songea pas seulement à embellir, il pourvut aussi à la défense; il ne cessa de multiplier les châteaux forts[1], ordonnant aux Goths de Destona de fortifier leurs positions[2], à ceux du castellum Verruca d'agir de même[3], aux Arlésiens de réparer les tours de leur enceinte qui tombaient de décrépitude[4], aux habitants de Feltre de munir d'une enceinte leur nouvelle cité[5].

Il y a aussi dans le *Panégyrique* un paragraphe enthousiaste sur Théodoric restaurateur des lettres. Ennodius fut un fervent de la culture littéraire : « au moment où la force brutale domine partout, il persiste à proclamer que l'art de la parole est le premier de tous les arts et qu'il doit mener le monde. Il dit aux jeunes gens de bonne naissance qu'un grand seigneur qui n'a pas étudié est la honte de sa maison et que les belles connaissances relèvent l'éclat de la noblesse. Il exige que les ecclésiastiques passent d'abord par les écoles et se fâche contre une mère qui a engagé son enfant dans les ordres avant qu'il ait fini ses classes[6]. » Il consacre aux études, à leur utilité, à leur gloire, une longue lettre dédiée à Ambrosius et à Beatus[7], et il a la joie de pouvoir saluer en Théodoric un prince ami des lettres et leur protecteur. Sous son gouvernement, dit Ennodius, « l'activité ne cessa de se manifester dans toutes les branches du savoir humain », il « encouragea les études »; « avant lui, on aimait l'ignorance, l'éloquence restait sans récompense »; « la tristesse envahissait partout l'esprit et l'intelligence »[8]. Cet éloge n'est pas immérité; bien que Théodoric fût un illettré[9] et qu'il se servît pour signer d'un poncif en or, dont il remplissait les vides avec sa plume[10], il avait un certain esprit naturel

1. Ennod., 210-18. — 2. *Var.*, 1, 17. — 3. *Ibid.*, III, 48. — 4. *Ibid.*, III, 44. — 5. *Ibid.*, V, 9.

6. Boissier, *la Fin du paganisme*, 1, 215-216. « Ante scipiones et trabeas est pomposa recitatio. » (Ennod., 314-8.) « Dictio Lupicino quando in auditorio traditus est Deuterio v. s. » (*Dict.*, VIII, p. 78.) « Dictio in dedicatione auditorii. » (*Dict.*, VII, p. 6; *Ep.*, IX, 9, p. 297.)

7. P. 310-315. — 8. P. 212, 14-26. — 9. « Illiteratus esset. » (Anon. Valés., 308.)

10. « Igitur rex Theodoricus illiteratus erat et sic obruto sensu ut in decem annos regni sui quatuor literas suscriptionis edicti sui discere nullatenus potuisset. De qua re laminam auream jussit interrasilem fieri, quatuor literas regis habentem, Theod. ut, si subscribere voluisset, posita lamina super chartam, per eam penna duceret et subscriptio ejus tantum videretur. » (Anon. Valés., p. 313.) La partie de ce fragment de l'Anonyme est, croit Mommsen, d'un autre

et ne laissa pas de frapper des sentences qui restèrent longtemps en proverbe[1]. Il avait gardé de son éducation grecque
le sentiment de la nécessité de l'instruction et de l'utilité, pour
un état bien équilibré, d'y voir les intelligences occupées et
les esprits actifs. On veut faire revenir à Syracuse les fils du
noble Filagrius qui se trouvaient à Rome, en train d'y faire
leurs études ; à cette nouvelle, Théodoric écrit à Festus de les
empêcher d'en sortir jusqu'à ce qu'il en ait donné l'ordre[2] ; même
ordre donné à Symmaque pour les enfants de Valerianus[3].

De fait, il y eut sous son règne une véritable renaissance littéraire[4]. Déjà, dans la lettre à Ambrosius et à Beatus, Ennodius
marque les principales illustrations de son temps, mais on peut
ajouter d'autres noms à ceux qu'il donne. Au commencement du
vi[e] siècle, nous voyons, en dehors de Boëce, le plus illustre et le
plus populaire des écrivains de cette époque, et de Cassiodore,
Rusticus Helpidius, médecin de Théodoric, qui a laissé un poème
sur les *Bienfaits du Christ ;* Cornélius Maximianus, poète idyl-
lique ; Arator de Milan, d'abord employé à la cour de Théodoric,
puis sous-diacre de l'église de Rome, qui traduisit en deux livres
d'hexamètres les *Actes des Apôtres ;* Venantius Fortunatus, le
plus grand des poètes de cette époque ; d'abord homme de lettres,
il fut guéri miraculeusement, par l'huile d'une lampe qui brûlait
devant un autel de saint Martin, de l'ophtalmie qu'il avait con-
tractée à la suite de ses études à Ravenne et devint par la suite
évêque de Poitiers ; l'avocat Épiphane, qui composa un résumé
des histoires ecclésiastiques de Socrate, de Sozomène et de Théo-
doret[5]. Tous sont des amis et des correspondants d'Ennodius, qui
passait lui-même pour une des célébrités littéraires de son temps.

Ce que l'évêque de Pavie nous permet de recueillir sur le gouvernement de Théodoric nous force donc à conclure en faveur
des excellentes dispositions du prince, de son désir sincère de
restaurer la civilisation romaine, la *civilitas,* de renouer avec

---

auteur que la précédente et extraite des œuvres d'un écrivain malveillant pour
Théodoric. Cf. Mommsen, *loc. cit.*

1. « Tantae sapientiae fuit ut aliqua, quae locutus est, in vulgo usque nunc
pro sententia habeantur » (et l'auteur en cite quelques-uns). (Anon. Valés.,
p. 308.) Il était d'ailleurs d'un esprit curieux. (Ép. d'Athalaric à Cassiodore,
IX, 24.)

2. Cass., *Var.,* I, 39. — 3. *Ibid.,* IV, 6. — 4. « Vide divitias sacculi tui. »
(212-28.) — 5. Cantù, *Hist. des Italiens,* III, p. 516-530.

les grands règnes réparateurs de l'histoire impériale la tradition interrompue, d'être un collègue, digne de ce nom, de l'empereur de Byzance. Ce que l'histoire nous en dit, ce que les lettres de Cassiodore nous font aussi un devoir de reconnaître, c'est que ce gouvernement fut doux et humain sans être faible et qu'Ennodius avait raison d'écrire : « Grâce à la protection divine, la douceur fit plus pour l'affection que la crainte, » et que, « s'il fut redouté des rois, ses familiers le chérirent[1]. »

VIII.

Politique religieuse de Théodoric.

Bien qu'arien, Théodoric accorda à l'Église catholique une protection sans réticence comme sans intermittence. Dès le début de son règne, il s'appliqua à s'attacher les évêques et se montra respectueux des droits et des privilèges des églises ; cette politique pleine de déférence porta ses fruits : « la faveur divine », lui dit Épiphane, se manifesta très clairement à son endroit ; le clergé tout entier, du moins celui du nord de l'Italie, se dévoua à sa cause et la fit triompher[2]. Il seconda, nous l'avons vu, cette bienveillance par d'habiles promesses[3] que le même Épiphane rappelle en ces termes : « Tu sais ce que tu as promis de faire, lorsque le ciel seul combattait avec toi et t'aidait de sa force invisible » ; nous en ignorons toutefois la teneur. On peut cependant conjecturer, par le concert unanime d'éloges dont tous les écrivains ecclésiastiques de cette époque accompagnent le nom du roi, qu'elles eurent pour objet de faire entrevoir à l'Église un avenir de paix, de calme et de tolérance qu'il s'efforça de réaliser.

Dans l'exercice de leur religion, Théodoric laissa les catholiques absolument libres ; les élections des papes Gélase II et Anastase II se firent sans son intervention parce qu'elles furent calmes. Mais comme il est le maître, le « dominator rerum, » qu'il assume la responsabilité de l'ordre dans l'État, qu'il se considère en outre comme l'héritier des Césars, qui se sont toujours donné la mission, depuis leur conversion au christianisme, de maintenir l'intégrité de la foi, dès qu'une élection pontificale ou

1. P. 211-40, 212-1. — 2. 100-6. — 3. 100-14.

épiscopale[1] est la cause de désordres, surtout si ces désordres peuvent pousser au schisme, il intervient comme modérateur et comme juge. Tel fut son rôle dans le schisme Laurentinien.

En 498, deux prêtres, Laurentius et Symmaque, sont élus évêques de Rome en même temps. Aucun d'eux ne voulant renoncer au bénéfice de cette élection, on s'en remet alors au jugement de Théodoric, qui décide que celui qui a obtenu le plus grand nombre de voix sera proclamé évêque de Rome. Symmaque, réunissant ces conditions, est donc reconnu, et Laurentius, comme compensation, est pourvu de l'évêché de Nuceria. La paix ainsi rétablie, Théodoric vient à Rome; il y est reçu avec joie par le pape, par le Sénat et par le peuple en 500[2].

Mais les ennemis de Symmaque ne perdaient pas courage : de nombreuses accusations sont portées contre lui : accusations d'adultère, de dissipation des biens d'église, de célébration intempestive de la Pâque. Théodoric cite alors le pape devant lui; Symmaque ne peut s'y rendre et le roi défère la cause à une assemblée présidée par le visitateur Pierre d'Altinum.

Cinq synodes se succédèrent pour juger cette affaire; ils se terminèrent par la réhabilitation de Symmaque.

Les débats de ces réunions ecclésiastiques furent fort agités : les partisans des deux concurrents soutenaient leurs candidats par tous les moyens en leur pouvoir, ne reculant même pas devant le soulèvement d'émeutes populaires.

Ennodius fut mêlé de très près à tous ces événements et on en trouve l'écho dans la plupart de ses œuvres, quoiqu'elles ne soient pas des plus importantes pour l'histoire du schisme.

Sa *Dictio* sur Laurentius, qui présida et dirigea les débats, paraît avoir été composée avant que le différend ait été réglé; la *Dictio quando de Roma rediit* n'est qu'une emphatique déclamation, moitié prose, moitié vers, qui n'apprend rien de bien précis. Dans son panégyrique, il parle à peine, et par allusion, de toute cette affaire. Reste le *Libellus pro Synodo*, qui est une œuvre de polémique officielle.

Les adversaires de Symmaque, non contents de multiplier les plaintes à Ravenne et les émeutes dans Rome, écrivirent encore

1. C'est ainsi que Liberius intervient dans l'élection d'Aquilée et qu'Ennodius lui écrit au nom du pape : « Dum pro venerandae religionis conscientiae verba dirigitis in Aquileiensis electione pontificis. » (153-21.)
2. Anon. Valés., 310.

des libelles diffamatoires pour le pape vainqueur. C'est à l'un d'eux, qui portait pour titre : « Contre le synode qui prononça une absolution déplacée, » qu'Ennodius fut chargé de répondre[1].

Prenant, point par point, les arguments des adversaires, il s'attache à les réfuter et à les réduire à néant, quelquefois par le simple raisonnement, souvent à grand renfort de textes sacrés. L'œuvre ne serait, pour le sujet qui nous occupe, que d'un intérêt médiocre, si, au cours de ses réfutations, la personne, l'autorité, l'intervention du roi n'étaient mises sans cesse en cause.

Justifier de l'appui de Théodoric paraît avoir été la grande préoccupation des deux camps, et, d'après Vogel, cette lutte, pour compter le roi au nombre de ses partisans, fut réelle[2]. Ennodius s'efforce donc à démontrer que Symmaque et ses partisans n'entrèrent jamais en conflit avec l'autorité royale; c'est là le point important pour nous, parce que cette insistance des belligérants sur cette question nous prouve que l'intervention de Théodoric était acceptée, était en quelque sorte légale et nous amène à parler de son rôle plus en détail.

Dès le début du conflit, Théodoric intervient. Lorsque les deux candidats sont en présence et qu'ils se prétendent tous deux élus, c'est au roi qu'on s'adresse, de prime abord, sans hésitation, pour les départager[3]. Le résultat du jugement fut défavorable à Laurentius. L'Anonyme Blanchinien insinue que ce jugement fut extorqué à prix d'argent; Stöber[4] penche pour cette assertion et rapproche du texte de l'Anonyme la lettre où Ennodius parle des 400 solidi d'or que Laurentius a empruntés pour les besoins du pape à Ravenne et qu'il ne peut se faire rendre[5]. Y a-t-il eu

1. « Adversus synodum absolutionis incongruae. » (*Libellus*, 49-29.)

2. Vogel, Préf., xvi, et dans son opuscule : *Die römische Kirchensynode vom Jahre* 502 ap. *Histor. Zeitschrift* de Sybel. N. F., t. XIV, p. 400. Il marque les différentes étapes de cette lutte par la variation des familles où furent pris les consuls. D'abord, Théodoric se range du parti de Symmaque et Avienus, fils de Faustus, est créé consul; puis il se tourne du côté de Laurentius, conversion marquée par l'élévation au consulat, en 504, de Céthégus, fils de Probinus, un des plus grands ennemis de Symmaque. Enfin, nouveau revirement, il revient à Symmaque; c'est l'époque du consulat de Messala, autre fils de Faustus (506), et de la sanction du synode reconnaissant Symmaque (507). L'hypothèse est ingénieuse, mais il est bien difficile de la prouver complètement.

3. « Regium subdituri judicium petere comitatum. » An. Blanch., ap. Muratori, III, 2ᵉ partie, p. 45 ʙ.

4. *Quellenstudien zum Laurentianischen Schisma*. Vienne, 1886.

5. 83-18.

corruption? Envers qui? Envers le roi? c'est invraisemblable.
Envers le préfet du prétoire? Il était Romain et toutes les grandes
familles romaines avaient pris position dans le débat en soutenant
Symmaque. S'il y avait eu quelque chose de douteux, Ennodius,
le sachant, se serait-il exprimé avec tant de force sur l'honnêteté
du roi et sur celle de sa cour? Il faut sans doute simplement voir
dans cette somme le total des dépenses matérielles du pape à
Ravenne. La campagne menée par les Laurentiniens força le roi
à convoquer, le 1er mars 499, un synode pour établir la jurisprudence au cas de la vacance pontificale, et la décision est acclamée
trente fois aux cris de : « Placent omnia ! Exaudi Christe, Theodo-
rico vita[1] ! » Pour juger de nouvelles accusations portées contre
Symmaque, Théodoric réunit un nouveau synode en 501. C'est à
partir de ce moment que ceux qui soutiennent Laurentius portent
la question sur le terrain de l'obéissance à Théodoric et prétendent que les partisans de Symmaque ont sans cesse contre-
venu aux ordres du roi, et que, par conséquent, leur décision
est nulle.

Après avoir prétendu que les membres du synode n'étaient pas
en assez grand nombre pour autoriser une délibération[2], ils prétendent qu'il était inutile de convoquer une assemblée pour un
objet déjà tranché par les rescrits royaux[3]; enfin, ils accusent
les défenseurs de Symmaque d'avoir résisté à l'action du *visita-
tor* nommé par le roi, comme étant illégale, par conséquent
d'avoir résisté au souverain[4].

A toutes ces raisons, Ennodius répond, tout en se gardant de
compromettre en quoi que ce soit l'autorité royale. Si le synode
était incomplet, c'est que les ordres du prince ne pouvaient se
faire entendre aux morts[5]; les préceptes royaux, c'est vous qui
les méprisez, en affectant de la vénération pour le roi[6]; quant

---

1. Thiel, *Epist. pontif. rom. genuinae* (1868), p. 647.

2. « Non omnes, inquiunt, sacerdotes regis ad concilium adscivit auctoritas. »
(*Libel.*, 50-2.)

3. « Viri optimi, subdidistis : ex praeceptis regiis evocationis causam fuisse
jam cognitam. » (*Ibid.*, 50-28.)

4. « Dicitis laesum principem, quare adtributum visitatorem contra eccle-
siasticas regulas prima voluimus fronte discedere. » (*Ibid.*, 60-17.)

5. « Mancipia Tartari et liquido Satanae ministri quoscumque non evocavit
scriptum principis, » 50-3; cf. « Qua nos voluisset aetate fractos debilitate
corporis invalidos causa congregari. » (Thiel, p. 658.)

6. « Exhinc digressi bonarum rerum in rege laudatis affectum. » (Ennod., 51-1.)

au visitateur, il est prouvé par les faits qu'en dehors de ce qui concerne la souveraineté du roi, vous n'avez voulu que des choses nuisibles[1].

Tout le débat s'engage donc autour de Théodoric ; c'est, et l'on voit ainsi toute l'importance qu'on attachait dans les deux camps à son intervention dans cette affaire où il est arbitre et juge, et toute l'importance du rôle qu'il jouait légalement dans les questions religieuses, c'est lui qui convoque le synode[2]. Symmaque l'en remercie[3]. S'il agit ainsi, c'est parce qu'il y est forcé, par son titre de souverain d'Italie et par la responsabilité qu'il a[4] ; mais, comme il ne lui appartient pas de décider en dernier ressort sur des matières ecclésiastiques, il délègue son autorité au synode[5].

Si Théodoric est venu à Rome, c'est pour apaiser les troubles par sa présence[6], et, quand les synodes qu'il a convoqués, loin de ramener la paix, ne font qu'augmenter la discorde, il écrit aux évêques des lettres de plus en plus pressantes.

Entre le Ier et le IVe synodes romains, les évêques se sont enfuis de Rome et prétendent se réunir à Ravenne. Ce n'est pas à Ravenne que se réunira le synode, répond le roi, mais à Rome, parce qu'à Ravenne il y a d'autres choses à faire[7]. Au lieu de juger, les évêques se disputent, il les rappelle à de meilleurs sentiments, en leur disant qu'il leur appartient, en consi-

---

1. « Unde ex aperto constat, nulla vos extra praestantiam piissimi regis quam frustra desideratis noxae copulari exemplorum auctoritate fulciri. » (60-21.)

2. « Respondit praefatus rex piissimus bonae conversationis affectu : plura ad se de papae Symmachi actibus horrenda fuisse perlata et in synodo oportere, si vera esset inimicorum ejus objectio, judicatione constare. » (Thiel, 658.)

3. « Et de evocatione synodali clementissimo regi gratias retulit. » (*Ibid.*, 659.)

4. « His ita actis... nos ad justitiam contulimus principalem, scientes divinitate propria regere dominum quem ad Italiae gubernacula ipsa providerit. » (*Ibid.*, 662.)

5. « Rex... respondit : in synodali esse arbitrio in tanto negotio sequenda praescribere, nec aliquid ad rem praeter reverentiam de ecclesiasticis negotiis pertinere ; committens etiam potestati pontificum ut sive propositum vellent audire negotium sive nollent, quod magis putarent utile, deliberarent. » (*Ibid.*, 663.)

6. « Nos potius Romam Deo auctore, veniamus, ut praesentibus saltem nobis citra confusionem atque discordiam secundum Dei timorem tanta causa terminum sortiatur. » (Thiel, 671.)

7. « Nam Ravennam, quemadmodum speratis, non putavimus revocandum esse concilium, dum aliorum labore, aliorum permovemur aetate. » (Thiel, 671.)

dération de la demande qu'il leur adresse, de leur affection pour la religion, du repos de Rome, de terminer cette affaire[1]. Embarrassés, ils sont incapables de se former une opinion et de prendre une détermination et s'adressent au roi[2]. Celui-ci leur écrit d'un ton sévère : « Nous vous intimons l'ordre de juger la chose deDieu que nous vous avons confiée comme il vous paraîtra bon, mais n'attendez pas de nous un jugement ; c'est à vous qu'il appartient de le rendre[3]. » Il n'y a pas encore de solution ; c'est en vain qu'il écrit encore une fois aux membres du synode : « S'il vous paraît bon de terminer l'affaire sans discussion, que vous la discutiez ou non, jugez selon ce qui vous semblera bon. Ne me redoutez pas, n'envisagez que la raison, faites seulement en sorte que le Sénat, les clercs et le peuple soient en paix et veillez à écrire ce que vous déciderez[4]. » A la fin, ne voyant pas de terme à ce conflit, il éclate : « Je vous ordonne de faire ce que Dieu vous commande[5]. » Ces extraits de sa correspondance officielle montrent jusqu'à quel point il chercha à demeurer neutre dans cette question du schisme, jusqu'à laisser provoquer des émeutes dans Rome et des troubles dans l'Italie ; si, à la fin, il parle plus sévèrement, c'est qu'il y avait plus d'un an que duraient les débats et qu'ils n'avaient abouti à rien.

Ses droits souverains lui donnent donc, quoiqu'il fût Arien, une autorité légitime sur l'Église ; il tranche les différends qu'il se croit en droit de connaître, apaise les querelles, convoque les synodes, surveille leur action, nomme des enquêteurs, institue auprès d'eux des commissaires, les majordomes Gudila et Bedculphe[6], sanctionne les canons et les décrets, agit en un mot

1. « Hoc petitioni nostrae, hoc religionis affectui, hoc quieti Romanae conferre civitatis, ut sacerdotali consideratione proposito delegato terminum detis. » (Thiel, 673.)

2. « Concedite nobis optatissimo praecepto ut... » (*Ibid.*, 678.)

3. « Praesentibus intimamus oraculis... ut causam Dei, quam vestrae congregationi amplissimo senatui... commisimus, quemadmodum visum vobis fuerit, ordinetis ; nec a nobis vestri expectetur forma judicii, sed vos qualiter vultis ordinate. » (*Ibid.*, 679.)

4. « Si vero vobis visum fuerit sine discussione causam finire, aut discussa, aut indiscussa quemadmodum visum vobis fuerit, judicate. Meam personam nolite metuere, reddituri rationem ante conspectum Dei : tantum ut senatum, clerum et populum pacificum dimittatis et quod judicaveritis scribatis. » (Thiel, 680.)

5. « Ego, non solum impono, sed etiam rogo, ut faciatis, quae Deus praecipit. » (*Ibid.*, 680.)

6. « Gudilam et Bedculphum sublimes viros majores domus. » (*Ibid.*, 675.)

comme ses prédécesseurs et comme les empereurs byzantins, sans que personne le trouve mauvais ou élève quelque critique. En aucun cas, nous ne le voyons cependant agir en maître; s'il intervient dans ces questions religieuses, il ne pèse pas sur leur solution, ne fait pas prédominer sa volonté et sépare nettement le temporel du spirituel.

Vis-à-vis du clergé, il use de la même politique de douceur, de bienveillance, mais aussi de fermeté, qu'il a montrée dans les autres parties de son gouvernement.

Un prêtre, Aurelianus, avait été frustré d'une partie de son héritage; Théodoric le lui fait rendre[1]. Cet exemple de bonté n'est pas le seul que nous fournisse Ennodius : « Il a ordonné, dit-il, que les églises recouvrassent leur patrimoine, et gémit de ne pas le voir augmenté. Cependant, c'est par lui que les riches dotations des pauvres sont maintenues et que les moyennes sont enrichies. Enfin, il chérit les prêtres vertueux[2]. » Cassiodore nous le montre sous un autre jour, dans son rôle de justicier vis-à-vis de l'Église; là, il n'apparaît pas différent de ce que les événements du concile l'ont fait voir : en remettant en possession de leur siège des évêques qui en avaient été momentanément dépossédés pour passer en jugement, il ne fait, dit-il, qu'obéir à la tradition[3]. S'il a des secours (1,500 sous) à faire distribuer aux habitants d'une contrée que ses troupes ont traversée, il en charge l'évêque Séverus, parce qu'il a l'habitude d'estimer les dommages[4]; à propos d'une contestation entre la ville de Sarsena et l'Église, il en remet la connaissance à la cour de l'évêque, à moins que celui-ci ne veuille en saisir la justice royale[5]; enfin, il décide que, dans les questions ecclésiastiques, c'est aux juges du clergé à se prononcer[6].

Cette façon d'agir nous aide à comprendre l'enthousiasme d'Ennodius pour Théodoric et le justifie : « Grâces soient ren-

---

1. « Nescio quid magnitudini vestrae hostilis malitia de patrimonii ubertate decerpserit : tamen sub hoc titulo invictissimi domini multum locupletem gratiam comparavit. » (Ennod., 217-16.)

2. 319-10.

3. *Var.*, I, 9. Eustorgio ep. « quem novimus traditionem ecclesiasticam. »

4. *Ibid.*, II, 8. « Habita laesionis aestimatione. »

5. II, 18 ; IV, 44.

6. « Quoniam causarum vestrarum qualitas vobis debet judicibus terminari. » (Cass., *Var.*, III, 37.)

dues à Dieu », s'écrie-t-il dans le *Libellus*, « qui a donné cette prévoyance à celui à qui est commis le soin de toutes choses. La sagesse du souverain est l'espoir certain du repos et du salut[1]. » Et, dans la lettre « In Christi signo, » qui est comme un écho ou comme un essai du Panégyrique, il ajoute : « Ce qu'à grand'peine les anciens princes ont obtenu par leur présence, une brève lettre de notre roi l'a obtenu. — Que le Christ donne à ce prince un successeur de sa race pour voir revenir l'âge d'or[2]. »

Conclusion.

De l'ensemble des documents épars dans l'œuvre d'Ennodius, il ressort donc que la domination des Ostrogoths en Italie fut heureuse et féconde en bons résultats pour ce pays. Théodoric ne se conduisit pas en chef barbare, désireux d'assurer aux siens la possession temporaire d'une contrée qui fut le point de mire de toutes les invasions germaniques ; il fut un roi dans toute la force du terme. Si Ennodius était le seul garant que l'on puisse invoquer pour appuyer une pareille conclusion, les liens qui l'unissaient au roi goth, sa qualité de panégyriste pourraient nous rendre ses appréciations douteuses ; mais tous les contemporains sont unanimes à l'affirmer, et, pour le prouver mieux que tous les discours, mieux que toutes les histoires, nous avons des textes qu'on ne fausse pas, le recueil authentique de sa chancellerie, le formulaire de Cassiodore, qui corrobore pleinement les dires de l'évêque de Pavie. Ces deux écrivains se complètent l'un l'autre et leur confrontation est toute à l'avantage de Théodoric.

Ennodius toutefois est mort avant le roi ; il n'a pas connu les cruautés de la fin de sa vie, l'aigreur d'un esprit qui sent son œuvre en péril, qui se sait sans successeur direct, qui devine l'empire d'Orient fomentant contre lui, sous couleur de religion, la révolte et la haine, et qui voit ceux en qui il avait le plus de confiance, les sénateurs, Festus lui-même, se mettre, en haine de Symmaque, à la tête d'un parti destiné à provoquer sa chute.

Odoacre et Boëce, les victimes qui ouvrent son règne et qui le ferment, ont empêché qu'on le jugeât froidement et sans parti

---

1. *Lib.*, 59-17. — 2. 319-3, 22.

pris; on s'est arrêté à ces deux taches de sang, on n'a pas voulu les effacer. Est-ce juste?

De l'Italie, ballottée depuis cent ans au caprice de toutes les révolutions, de toutes les invasions, de toutes les usurpations, il a fait un pays tranquille et prospère : la sollicitude du grand roi a procuré le repos aux Italiens[1]. Sous son règne, pas de guerres ; Odoacre vaincu, ce ne fut plus que sur les frontières qu'on se battit.

D'un gouvernement livré à toutes les faiblesses, hésitant et troublé en face des Barbares, tremblant devant les maîtres de la milice, besogneux et haï, il fit un gouvernement fort et réparateur, riche et dispensateur de biens qu'on ne lui connaissait plus ; en cela, Théodoric a été justement loué par Jordanès : « il gouverna avec sagesse et pacifiquement[2]. »

Plein d'ambition, il est vrai, mais d'une ambition toute romaine, il se donna les Antonin, les Constantin, les Théodose pour modèle, et le développement du vieil esprit civilisateur de Rome, de la *civilitas*, pour but. « Lorsqu'il sentit, nous dit Jordanès, ses derniers moments arriver, il convoqua autour de son lit les comtes goths, les grands de sa nation, le petit Athalaric, et il leur donna comme ordres suprêmes, comme s'il récitait à haute voix son testament, de chérir le roi, d'aimer le Sénat et le peuple romain, de se rendre propice en l'apaisant le souverain de l'Orient[3]. »

Ces paroles ne sont pas d'un Barbare ; dans ces trois derniers préceptes se trouvent résumée toute la politique de son gouvernement et celle de sa diplomatie, tout le secret de sa force, mais aussi tout celui de la faiblesse de son empire, car le roi allait être un enfant, le Sénat romain s'était détaché de lui et le César byzantin convoitait l'Italie que Théodoric avait restaurée.

Son œuvre dura donc peu, mais, si courte qu'elle ait été, l'idée qui l'inspira fut haute et noble; Ennodius nous a permis de la

---

1. « Otia nostra magni regis sollicitudo custodit. » (210-18.)

2. « Regnum gentis suae et Romani populi principatum prudenter et pacifice per XXX continuavit annos. » (Jord., *De regn. succ.*, p. 137.)

3. « Et cum se in brevi ab hac luce egressurum cognosceret, convocans Gothos comites, gentisque suae primates, Athalaricum infantulum adhuc... eisque in mandatis dedit, ac si testamentali voce denuntians, ut regem colerent, senatum populumque Romanum amarent, principemque orientalem placatum semper et propitium haberent. » (Jord., *Get.*, p. 324-25.)

saisir et de la fixer, Cassiodore de la prouver. Aussi notre conclusion sera-t-elle celle de Procope, qui cependant n'aimait pas Théodoric, mais qui a donné sur lui le jugement le plus équitable et le plus vrai : « Il faut pourtant avouer qu'il a gouverné ses sujets avec toutes les vertus qui sont dignes d'un grand empereur, il a maintenu la justice, il a établi de bonnes lois, il a défendu son pays de l'invasion de ses voisins et a donné toutes les preuves d'une prudence et d'une valeur extraordinaires. Il n'a fait aucune injustice à ses sujets ni permis qu'on leur en fît... Enfin, quoique Théodoric n'eût que le titre de Roi, il ne laissa pas d'arriver à la gloire des plus illustres empereurs qui aient monté sur le trône des Césars[1]. »

---

1. Procope, *De bell. Goth.*, I, § 5 et 6, trad. de Cousin, *Hist. de Const.*, t. 1, p. 355.

Nogent-le-Rotrou, imprimerie DAUPELEY-GOUVERNEUR.